SILVIA ADELA KOHAN

SILVIA ADELA KOHAN

25 MANERAS DE
DISFRUTAR
SIENDO UNA TREINTAÑERA

RANDOM HOUSE MONDADORI, S.A.

⊞ DeBOLS!LLO

Diseño de la portada: Equipo de diseño editorial
Fotografía de la portada: © ETC Bilt

Primera edición en U.S.A.: octubre, 2002

Printed in Spain – Impreso en España

ISBN: 1-4000-0317-2

Distributed by Random House Español

A Erica Inés Selinger
por su autenticidad y su ternura.
A Koni Selinger
por su transparencia y su magia.

Índice

Introducción

En esta etapa de tu vida, como en las que vendrán, eres única. Pero no olvides que las bases que ahora establezcas te permitirán bosquejar tu propio destino. Es verdad que en esta etapa sucede todo —no te pierdas nada—, pero establece prioridades y no dejes de interrogarte.

Se dice que las mujeres de tu generación se sienten más seguras de sí mismas, van más a lo suyo, le dan importancia al cuerpo, tratan de escalar puestos de trabajo y no quieren perder el tiempo. Pero etiquetar es una trampa.

Empieza a preguntarte si haces convencida lo que haces o por qué te pones tacones de aguja aunque te resulten molestos, o si acaso persigues un ideal que no es el tuyo.

¿Eres tan desenfadada como el personaje de Victoria Abril en *El felpudo* o tan casta como el de Britney Spears en su primera película, que no fuma, no bebe, resiste todo tipo de propuestas obscenas y es virgen? ¿Te gustan los clásicos, la novela policíaca o las novelas rosa? ¿Eres una engreída patética que no paras de darle el coñazo a tus amigos o una permanente oreja a la que todos acuden presurosos?, ¿un tiro al aire o una persona tan responsable que no te aguantas a ti misma?

¿Cómo eres? Unas prefieren la calma a su alrededor;

otras, la acción. Unas viven lo que realmente les apetece; otras se adaptan a las circunstancias; unas deciden, otras prefieren no tener que decidir y se sujetan a las decisiones de otras personas; unas no dan puntada sin hilo, otras dejan que suceda. Unas se inquietan ante el zumbido de una mosca, otras ante los requerimientos de un moscón. Unas lanzan dardos por doquier, otras solo los atajan. O se transforman en lanzas que caen en los brazos del ansiado príncipe azul, mejor o peor lanzadas. ¿Y tú?

Seas como seas, debes serlo porque lo has decidido así y no porque las circunstancias te arrastran, porque te da placer o sacas ventajas de ese comportamiento. Conocer a fondo tus reacciones te es imprescindible para encontrar respuestas a las dudas y a las inquietudes que surjan durante tu vida cotidiana, para tomar la mejor decisión, para vivir a tope.

Estás tú y el libro, utilízalo como un instrumento útil, que te permita viajar sin tabúes por tus zonas oscuras, las más escondidas y nunca declaradas; atravesar las barreras de toda clase para alcanzar la plenitud.

Es posible que te convenga leer los otros dos libros destinados a mujeres de otras edades, además de este, y proyectarte en la que serás o en la que deberías ser, pues están concebidos como puzzles para una misma vida: la tuya.

NOTA: Al final de cada capítulo, cuentas con un apartado titulado «Intimario», como instrumento para la reflexión. Concéntrate y juega lo más sinceramente posible, cuando se trate de un juego (a solas o acompañada) o atiende a las propuestas con convicción. Con la información reunida, podrás confeccionar *tu propia carta biográfica.*

1

Ser en el mundo y ser el mundo

«Hoy puede ser un gran día imposible de recuperar, pelea por lo que quieres y no desesperes si algo no anda bien... Hoy puede ser un gran día y mañana también.»

El mundo puede pasar por el filtro de tu ser y de tus sentimientos. Aduéñate de lo que te rodea. Transforma lo que te ocurre todos los días en música y en símbolos, colores, sonidos, palabras, fábulas.

Si tú cambias, verás que cambia el mundo. Si tú te asombras, el mundo te ofrecerá sorpresas.

La vida es aún muy larga y muy ancha para ti. Si te sientas en el camino, ponte de frente a lo que aún has de andar y de espaldas a lo ya andado. Tienes muchos años por delante, el tiempo es libertad de elegir tu senda, tu camino, tu lugar geográfico, tu lugar como mujer, como ser en el universo ilimitado en el que te pones tus límites sustentados por tu íntima necesidad. Si lo tienes claro, percibirás que el mundo eres tú.

Atiende tu propio espacio. No aceptes los condicionamientos, lo que hace la mayoría de la gente (como casarse con la pareja de siempre, tener hijos, conservar un trabajo estable, ser amable con los parientes...), si no estás convencida de ello. Aléjate de las convenciones o de los modelos «ideales» sin sentirte frustrada y busca sin trabas lo que en realidad quieres. Desde la infancia nos endilgan destinos ajenos, pero no estamos en el mundo para realizar los sueños de nuestros padres sino los propios. Si deseas ser cantante y no abogado como tu padre, pero estudias leyes, abandona la carrera e intenta grabar tu disco. Ten en cuenta qué te motiva y no temas ser juzgada.

Hay que luchar por lo que se cree. No hay alivio más grande que comenzar a ser lo que se es.

¿No le encuentras sentido a lo que eres o a lo que haces? Tal vez se debe a la actitud que acostumbras a tomar frente a las cosas. Podrías cambiar el foco, los personajes que te acompañan y el lugar de las escenas.

A menudo, las cosas se ven diferentes según el cristal con que se miren. Como dice Han Yu: «Quien se siente en el fondo de un pozo para contemplar el cielo lo encontrará pequeño».

No es lo mismo valorarse que tenerse confianza. Te valoras, sabes que puedes hacer muchas cosas y que no puedes otras. Sin embargo, no actúas con demasiada convicción, dudas de los posibles resultados. Una forma de confiar en ti y enfrentarte a tus dudas es actuar con convicción sin imaginar el resultado. Concéntrate en lo que haces, en el proceso, no en el fruto de la acción.

Convéncete de que querer es poder aunque la realidad no confirme tus fantasías. Al menos, al confiar en tus juegos maravillosos, irás contenta por la vida. Puedes hacer como las indias huichules que, antes de comenzar a tejer o bordar, acariciaban el lomo de las serpientes cuyos diseños admiraban, y se tocaban con la misma mano la frente y los ojos, y así podían reproducir esos diseños en sus labores.

Para que tú seas el mundo y el mundo pase por ti. Busca la felicidad abogada por Epicuro, que consiste en el goce y el disfrute sin temor de cuanto la vida tiene de placentero; pero también admite la aceptación responsable de sus retos y el ejercicio de la entereza para poder superar el dolor, si llega.

Ilusiónate con lo que te puedes encontrar a cada vuelta de una esquina.

Mira el lado bueno de las cosas. Recuerda que a la larga no hay mal que por bien no venga. No dejes de pensar e imaginar.

«Lo importante a la hora de actuar es ser capaz de reír y llorar. Si tengo que llorar —dice Glenda Jackson— pienso en mi vida sexual; si tengo que reír, pienso en mi vida sexual. Es decir, siempre utilizo mi propia vida (como lo hacen los personajes en el escenario) para reaccionar. Respondo a mi guión de vida, del cual soy la propia estrella.»

Intimario

Bambalinas

Imagina que tu vida es la representación de una obra teatral, saca conclusiones sobre tu lugar en el mundo con las respuestas a las siguientes preguntas, e inicia así tu *carta biográfica*, que completarás en los capítulos siguientes:

¿Quién ha escrito el guión de la obra?
¿Quién o quiénes la dirigen?
¿Qué escena te gustaría eliminar y cuál agregar?
¿Qué tipo de obra representas? De misterio, una

comedia de salón, una farsa, un melodrama, una obra del absurdo, una tragedia...

¿Qué papel desempeñas en la obra?

¿Cómo te sientes en escena?

¿A qué personaje prefieres? ¿Por qué?

¿De cuál de las obras existentes serías la protagonista?

¿Y de cuál no quisieras serlo nunca?

2
Saber esperar

Si quieres ver el arco iris, deberás esperar a que acabe de llover.

Siempre hay alguien que por un motivo u otro te incita a actuar, pero lo inteligente es saber esperar, darle tiempo al tiempo mientras te preparas para cuando llegue el momento, como dice *El tiempo de las cerezas*, una hermosa canción revolucionaria de la Comuna de París.

Ocúpate de tus cosas y espera serena, para lo cual debes saber qué placeres te atrapan, podría ser la siesta, un largo baño de inmersión, una conversación sin horarios, mirar películas en Super-8, probarte ropa en una boutique e irte sin comprar nada, hacer reír a un hombre... Tú sabrás. Pero mejora durante la espera: como hacen ciertos aborígenes australianos, que en lugar de perfeccionar el instrumento, perfeccionan la manera de tocarlo y aún hoy siguen utilizando el chiridu, un instrumento primitivo, dos palos largos de eucaliptus a los que aporrean con unas piedras, al que cada vez le sacan más sonidos y más utilidades.

Si te aceleras, puedes dejar parte de tus intereses más preciados en el camino, como aquella chica que iba por la calle con un seno al viento, y cuando alguien se lo advirtió, ella dijo: «¡Ay! ¡Dejé al bebé en el autobús!».

Antes de actuar, de tomar una decisión o de lanzar una frase (sobre todo en una conversación con gente que no conoces demasiado), cuenta hasta diez, o, lo que es parecido, piénsalo bien.

Cuando no se consigue algo. Dominar las normas de convivencia facilita tus relaciones contigo misma y con los demás y la obtención de tus objetivos. En principio, debes saber escucharte, tómate tu tiempo para hacerlo, obsérvate a solas y, cuando estés frente a otra persona, trata de captar el silencio de tu interior y deduce si está cargado de tensiones o no, escucha de la misma manera al otro como hacía Sócrates. Cuando pidas, demuestra lo que vales ante una negativa y espera confiada la siguiente respuesta. Si entiendes que el fracaso es una demora de los resultados deseados, entenderás al mismo tiempo que saber esperar es una actitud sabia.

Siempre estarás a tiempo. Todo llega cuando tiene que llegar; si no llega, habrá otras cosas que, por estar pendiente de tu propio desafío en lugar de relajarte frente al amplio panorama existente a tu alrededor y más allá, te las pierdes. ¿No se te ha ocurrido que tal vez la vida ocurre mientras tú vas de decepción en decepción? Estás deseando comprarte algo, pero olvídate de ello mientras ahorras el dinero, no te lamentes diciendo «si ahora lo tuviese...», desvía tu atención hacia otros intereses. Estás deseando la llegada de alguien que no llega, revisa tus antiguas agendas, entre tantas direcciones olvidadas puedes encontrar a otro más gratificante. Y así, en todo.

Captar el instante. No dejes pasar lo que ocurre en tu camino. Tomar los desvíos es saber esperar o, lo que es lo mismo, convertir la espera en presente. No la fascinación del instante bajo el canto encantador y mortífero de las Sirenas, sino la fascinación del instante para vivir el instante que estás viviendo.

Intimario

La encuesta

Mientras esperas, no dejes de jugar.

Tras el último capítulo de este libro, encontrarás una *encuesta* que puedes responder tú también como forma de reflexión. Si lo haces, apunta tus propias respuestas antes de leer las publicadas y después, por curiosidad, para encontrarte con ideas que también son tuyas y en las cuales no habías reparado, o como parte del juego, compara los resultados.

$\mathcal{D}$arse permiso para soñar

Que los sueños, sueños son, nubecitas de ilusión...

Soñar es gratis. Sueña sin inhibiciones con los ojos cerrados o abiertos y trata de hacer realidad tus sueños. Como el poeta, recibe gozosa algo del mundo externo transmutado en tus sueños. No los censures, rescata lo más rico de ellos para descubrir facetas tuyas ocultas. Luego, no dejes de soñar despierta.

Soñar dormida. Soñar es necesario para soportar el mundo de la vigilia. Según la teoría freudiana, las ideas inconscientes pugnan por aparecer en la superficie de la conciencia y lo consiguen mientras dormimos, a través de los sueños. Por consiguiente, en los sueños hay un mensaje cifrado; la palabra se condensa y se disfraza.

Existen tres clases de sueños:

• los que poseen un sentido y son comprensibles;
• los que nos causan extrañeza (no sabemos cómo incluir su sentido en nuestra vida psíquica);
• los incoherentes, embrollados y carentes de sentido (corresponden a deseos experimentados durante el sueño que nos avergüenzan, y los deformamos por la censura).

No sabemos lo que sucede en los sueños. Jorge Luis Borges dice:

> ¿Es el sueño más real que lo que llamamos la realidad? ¿Quién sueña a quién? ¿Qué pasa cuando despertamos? Dunne imagina que cada uno de nosotros posee una suerte de modesta eternidad personal: a esa modesta eternidad la poseemos cada noche.
>
> Esta noche dormiremos, esta noche soñaremos que es miércoles. Y soñaremos con el miércoles y con el día siguiente, con el jueves, quizá con el martes... A cada hombre le está dado, con el sueño, una pequeña eternidad personal que le permite ver su pasado cercano y su porvenir cercano.
>
> ¿Qué sucede al despertar? Sucede que como estamos acostumbrados a la vida sucesiva, damos forma narrativa a nuestro sueño, pero nuestro sueño ha sido múltiple y ha sido simultáneo.
>
> Vamos a suponer que yo sueño con un hombre y luego, inmediatamente, sueño con un árbol. Al despertarme, puedo darle a ese sueño tan simple una complejidad que no le pertenece: puedo pensar que he soñado en un hombre que se convierte en árbol, que era un árbol. Modifico los hechos, ya estoy fabulando.

El fluir de la mente. Los sueños tienden un puente entre nuestro yo consciente y nuestro inconsciente. Lo que aflora en ellos, las «ideas latentes», son un material riquísimo para el análisis de una misma.

Pero también puedes recurrir a esta práctica estando despierta. Te sitúas en un estado que recuerda la somnolencia y a partir de imágenes-estímulo generas respuestas espontáneas, de las que puedes derivar asociaciones más complejas si te lo propones, dejas aflorar imágenes más íntimas que te pueden proporcionar datos muy útiles.

Los habitantes y las escenas. Los problemas del día emergen en el subconsciente durante la noche y pueden ofrecer soluciones impensables. A menudo, los personajes que pueblan los sueños son personificaciones de actitudes, miedos y creencias que habitan en cada cual; se proyecta en los demás lo que no se quiere reconocer en una misma: la maestra, la bruja, la niña temerosa, la vampiresa, y una larga lista de personificaciones que son el negativo de la foto del soñante.

La primera secuencia de la escenas suele ser el punto de partida del conflicto y cada una de ellas conduce a la siguiente.

¿Qué sueño sueñas? Todos forman parte del campo de lo íntimo, de lo recóndito, de lo extraño.

Por su composición: sueños simples (una imagen o unas pocas). Sueños complejos (muchas imágenes en una historia desordenada). Sueños concretos (uno o varios acontecimientos vívidos muy parecidos a los de la vida real). Sueños nebulosos (fragmentos absurdos embrollados y extravagantes). Sueños emotivos (imágenes placenteras, sorpresivas, encantadoras, angustiantes, etc.).

Por su temática: los premonitorios; los sexuales; los de descarga; los recordatorios; los simbólicos; los telepáticos (la representación de algo real que acontece en ese momento); los de salud (permiten averiguar qué estado emocional da origen a las dolencias).

Por último, los sueños compensatorios (permiten disfrutar de algo a lo cual en la vida de vigilia no se tiene acceso); los sueños lúcidos (que el soñante cambia a su antojo) y las pesadillas reiteradas. Cuando la vivencia corresponde a una ansiedad demasiado fuerte y la mente durmiente no puede aguantarla, las pesadillas provocan espanto y depresión, pero después no se recuerdan. Shakespeare llama a las pesadillas «la yegua de la noche».

Regístralos. Cada uno cuenta con su propio repertorio de sueños.

Llevar un diario de sueños y tenerlo en la mesilla de noche es esencial. Puedes apuntarlos de la siguiente manera:

- Escribe sin demora al despertar los rasgos esenciales del sueño, aunque te resulten absurdos o inconexos.
- Establece conexiones de personajes y sentimientos referentes a la acción que se desarrolla y entre las imágenes oníricas apuntadas.
- Añade los detalles y las ideas marginales, sensaciones, observaciones, variantes, asociaciones.
- Extrae la síntesis del sueño.
- O dibuja las imágenes antes de escribirlas. La representación gráfica puede sugerir datos adicionales a los de la transcripción.
- Ponle un título.

Cómo recordarlos. Antes de irte a dormir puedes leer algunos sueños que hayas tenido. Justo antes de quedarte dormida es el momento idóneo para hablar con tu inconsciente.

Repítete hasta que te duermas que al despertar quieres acordarte de los sueños que tengas.

Para resolver algún asunto, repite la pregunta que quieras que el sueño te conteste, de la misma forma.

Es muy importante adquirir el hábito de despertarte en medio de la noche para registrar un sueño de especial significación, al menos unas cuantas palabras quedándote inmóvil hasta completarlo.

Hacer realidad los sueños. Toma ideas de los luchadores. Que a veces creas desfallecer y desees desaparecer de la faz de la tierra es normal, pero es falso. Tienes toda la vida por delante. Cuando te sientas sin estímulo te conviene orientar el foco de tu percepción hacia los que han sabido luchar para concretar sus sueños.

Intimario

Desplazamientos

El sueño es un lenguaje metafórico. Nos permite comprender la idea latente a través de la idea aparente. Para interpretarlo debes tener en cuenta lo que cualquiera de sus componentes puede estar sugiriendo.

Al despertar, responde a las siguientes preguntas, que contienen una guía para que tú misma establezcas los puentes y saques conclusiones:

¿Cómo te sentiste en el sueño?
¿Y después?
¿Quién eras en ese sueño? ¿Con qué persona o episodio lo vinculas?
¿Dónde pasaba?
¿Cómo reaccionaban los otros personajes? ¿Eran ellos mismos o representaban a otra persona?
¿Qué era lo inhabitual en el sueño? ¿A qué otra situación vivida por ti vinculas ese episodio?

4
Seducir

Pantera, gata, viborilla, osita cariñosa, sirena o Mata Hari. Sedúcele, enrédale. No hay en el mundo para ti otro capullo de alhelí, dale tu aroma seductor y un poquito de tu amor... «Debes colocarte el perfume donde desees ser besada», decía Coco Chanel. Puedes apelar a afrodisíacos tan efectivos como el ajo, el higo, el azafrán o el chocolate caliente, que actúan a través del olfato y el gusto. Súmales una pizca de coquetería, otra de ternura, algo de imaginación y siéntete como un faro, frontera entre el mar, el cielo y la tierra.

A cada mujer, su fórmula de seducción particular. ¿Quieres atraer a un unicornio, ese caballo tan bravío? Lo atraparás si le ofreces tu pecho para que se duerma, aunque tampoco es cuestión de convertirte en una ONG que amamanta galanes desesperados. Por otra parte, se es seductora porque sí, no solo con un fin, y deberías serlo más que con nadie contigo misma. Porque estás a gusto con un par de calcetines o con unos pendientes, porque te ves espléndida delante del espejo, porque te fascina extenderte así sobre la moqueta.

Tu apuesta. Puedes tener todas las aventuras que desees durante más o menos tiempo. No compares tus numerosos ligues con la única pareja de tus amigas. O al revés, te sientes tan inexperta que les preguntas a tus amigas métodos, modos y nimiedades, consultas los manuales, hasta que al fin te atreves a practicarlo con el ligue y te inspiras durante la marcha sin aplicar ninguna receta.

Sigue tus impulsos aunque tu vida sentimental esté agitada como una licuadora. Ese es el ritmo que te apetece. Has apostado por un estilo de vida y un tipo de amor, no dependas de la aprobación de nadie.

Distinguirte por algún rasgo. Potencia lo que la naturalidad te proporciona. Puedes ser introvertida y seria, o muy comunicativa, puedes ser de mil maneras diferentes, pero en cualquier caso, trata de perfeccionar tu mejor capacidad, aquella que te destaque. Algo muy simple puede ser tuyo e interesar (léase: seducir) a la gente. Así R., de mente curiosa, averiguó el origen y el significado de los nombres y a cada persona le «regala» esa información; J. prepara esencias perfumadas para cada uno de sus amigos según lo que percibe de ellos.

La atracción no es solo magia. Se dice que el enamoramiento es activado por ciertas sustancias como la feniletilamina, que actúa en la primera fase; la dopamina, que estimula la adrenalina; la oxitocina, un filtro del afecto. Delante de una persona que te atrae, el cuerpo experimenta una excitación particular que te transporta a las nubes. Eres Ulises y Penélope, los amantes de Teruel, Romeo y Julieta.

Para demostrarlo, mantén la mirada en la mirada del otro, los ojos abren el canal de la seducción; escoge el atuendo con esmero, adecua tus gestos y tus palabras a la ocasión, encuentra el equilibrio perfecto. Muévete con seguridad, al entrar en un sitio concurrido, que el espacio pase por ti más que tú por el espacio, como lo expresa Balzac: «Ser amada es el propósito de todas sus acciones, excitar el deseo el de todos sus gestos». Todo ello es parte de la alquimia.

El atuendo. Tus encantos son el producto de una labor minuciosa y secreta. Vestirte es un acto de seducción, escoger las piezas precisas es una tarea de hechicera. Pruebas rayas anchas o finas, horizontales o verticales, estampados, dibujos geométricos o tejidos lisos; el estilo ranchero, botas camperas, falda de encaje, chaqueta de cuero y collares de piedra, como Barbara Stanwyck; el étnico, top y falda de algodón, collares de plata y coral; el africano, estampados animales y chaquetas saharianas; el romántico, tejidos adamascados, corsé de encaje y falda de tul; estilo marinero, cuello alto, trenca, gorra; o uno masculino, mono, corbata, traje sastre. Escoges una falda ancha, estrecha, rasgada, abotonada, larga, mediana, mini, colorida, unicolor, con lazos; un cinturón ancho, delgado, adornado, escueto, verde, incoloro; unos tacones altísimos, bajos, unas sandalias planas de pocas o muchas correas, con lazos, con flores. Escoges lo que te hace sentir una verdadera seductora.

En cuanto al color, es el lenguaje de los sentimientos, elígelo también en la ropa interior. El blanco remite a lo puro, lo diáfano, lo no contaminado, lo inocente. Los azules producen una sensación de paz y lirismo. El amarillo, ligereza, libertad y cambio. El rojo simboliza el fuego, lo caliente, las brasas, la pasión, provoca sensaciones estimulantes. El violeta permite la fusión de los extremos (pasión-serenidad), transmite el equilibrio. El negro sugiere misterio, deseos ocultos.

Tentar al elegido. ¿Cómo reaccionar frente a aquel que te provoca palpitaciones, tanto si lo ves por primera vez como si ya te has cruzado con él en otras ocasiones?:

• Te sientes bien en tu envoltorio. Sonríe, carga con tu mejor equipaje en lugar de proclamar tus penas. Piensa que ligar es divertido.

• Atráele con la mirada, es sabido que los primeros besos se dan con la mirada, con los gestos y los movimientos sensuales.

• Háblale con serenidad como si te dirigieras al primer hombre del Paraíso.

• Escucha sus confidencias y procura prestar atención y ser tolerante.

• Sugiérele que te agrada su compañía.

• Practica el equívoco como juego inteligente.

No desesperes si lo pruebas y falla; no te desanimes. Vuelve a intentarlo otro día.

Intimario

Artimañas para ligar

Investiga qué rol asumes, si lo haces intencionadamente, si te gustaría cambiar de rol. Los más comunes son los que siguen.

La complaciente: *¡Qué interesante!*

Se muestra atenta y fascinada.

Recurre sin reservas al lenguaje corporal (abre mucho los ojos, lanza exclamaciones e interjecciones). Establece un intenso contacto visual.

Festeja todos los chistes de él.

La maternal: *No te preocupes, yo te protejo*

Lo hace sentir seguro y comprendido.

Le promete una comida sabrosa con un toque personal.

Lo estimula. Lo mima. No lo reprende ni lo juzga.

La misteriosa: *Te lo contaré algún día*

Cuenta poco de sí misma. Da informaciones a medias.

Usa colores poco estridentes, transparencias, escotes, aberturas.

Promete, crea curiosidad, lanza citas complejas.

La irresistible: *Mi jefe me acosa*

Su presencia es impecable y con un detalle provocativo (vigila todos los complementos). Lleva un perfume exquisito, barniz oscuro en las uñas, labios maquillados, tacones altos, lencería de seda.

Su voz resulta cálida, dulce, susurrante. Se expresa con frases equívocas que insinúan un doble sentido. Utiliza gestos lánguidos previamente ensayados en su forma de moverse o al apartarse el pelo que le cae sobre la frente.

La absorbente. *¿Cuándo nos volvemos a ver?*

Usa un solo color en su atuendo. Pocos complementos. Intenta parecer natural.

Tiene reacciones apasionadas matizadas por otras que rozan la indiferencia. Le ofrece algo que sea del interés de él (le promete un dato, un contacto...) y se asegura la continuidad de la relación.

Come poco y elige una bebida alcohólica de buena calidad demostrando que es experta en el tema.

La nena amorosa. *¡Enséñame!*

Pone cara de «yo no rompo un plato». Se muestra ingenua y muy sensible. Se emociona con algo de lo que él le cuenta. Le sugiere que le hable de su familia a la que dice le gustaría conocer.

Le pide ayuda en las cuestiones más elementales, le extiende la llave del portal de su casa para que él le abra, le pide que le desprenda el cierre del collar y aprovecha para rozarlo.

La antiartimaña (para espantar a un pesado). *No me impresionas, ya lo sabía.*

Bosteza cuando él cuenta algo humorístico. Ríe cuando cuenta algo triste. Le sonríe a otros hombres si los hay. Anuncia que está muy cansada.

Usa muchas onomatopeyas.

Le confiesa que sueña con casarse de blanco y le explica cómo le gustaría que fuera la boda y el viaje de novios.

5
Confiar en el azar

Muchas ideas novedosas provienen del azar si llevas las antenas preparadas para captar sus mensajes. De una conversación, de una observación, de una sensación, de ese gesto misterioso que se cruza en tu camino y te sorprende, puede derivar una sugerencia para tu propia vida. Lo saben los creadores que captan todo tipo de mensajes. *La Flaca*, de Jarabe de Palo, nació en la boda de un amigo de los componentes del grupo y en una discusión, uno de ellos dijo: «Depende», «¿De qué?», dijo otro. «Del punto de vista de cada uno.» Aquel *depende* salió varias veces y los convenció de que era la mejor forma de desarmar a cualquiera. Marilia, de *Ella baila sola*, y autora de *Cuando los sapos bailen flamenco*, cuenta que «la canción nació a partir de la nostalgia que produce sufrir una pérdida y de lo irónico que resulta cuando te quieres aferrar a algo que no tiene sentido». *Quédate a dormir*, de M-Clan, surgió en casa de uno de los componentes cuando jugaban a saltarse los cánones del rock. Se dice que Newton tuvo la idea de la gravedad cuando fue golpeado en la cabeza por una manzana mientras estaba sentado debajo de un árbol.

Azar como «lo imprevisible». Salir a conquistar lo incógnito te puede conducir al descubrimiento azaroso del otro o abrirte las puertas hacia un mundo especial del que no podrás regresar hasta que no pongas nuevamente en movimiento el azar.

No te pierdas las señales. Fíate de la vida que vives: la haces tú.

Entonces, entrégate a ella y en lugar de quejarte siempre diciendo que te falta tiempo, vive al máximo el momento, no dejes pasar las señales que con toda seguridad el entorno te ofrece; no las de tu móvil, por cierto. Prepárate a recibirlas cuando tengas un problema, déjate fluir. Donde estés, confía en el azar entendiendo que la realidad es tan rica que te dará la solución siempre que no te encierres, sin ver, sin oír, sin probar.

Unos ven lo que otros no ven ante el mismo paisaje. Para Jung, esos chispazos azarosos son un caso de sincronía universal. Otros opinan que hay que clarificar el objetivo a resolver apuntándolo en un papel para que el cerebro se prepare a recibir las ondas que el mundo siempre lanza.

Déjate llevar por lo que te rodea, te decía. Si vas en un autocar, presta atención a la radio, al sonido del motor, lee los carteles de la carretera, escucha la conversación del que habla por teléfono, ese que viaja a tu izquierda, o la de las dos mujeres que viajan en el asiento de atrás, mira lo que mira la chica que está a tu derecha en lugar de disponerte a dormir, y si te duermes, sueña y toma nota del sueño inmediatamente. Si prestas atención a las minucias que el azar te ofrece, es posible que te asombres de lo que te hubieras perdido si no lo hacías y te quedabas rumiando ese problema al que tal vez así consigues quitarle importancia.

«**Invento la palabra que me inventa**», dice Octavio Paz. Para encontrar salidas o tal vez soluciones a un conflicto que te preocupa o a una encrucijada en tu camino lanza en forma azarosa palabras en un papel y de esas palabras deriva más palabras, ideas, imágenes, hasta que de pronto como una piedra lanzada al estanque que pone todo en movimiento, una palabra lanzada a la mente por azar provoca, como dice Gianni Rodari, «una serie infinita de reacciones en cadena, atrae en su caída sonidos e imágenes, analogías y recuerdos, significados y sueños, en un movimiento que interesa a la experiencia y a la memoria, a la fantasía y al inconsciente, y la mente no asiste pasiva a la representación, sino que interviene para aceptar y repeler, enlazar y censurar, construir y destruir».

Intimario

Construye tu propio oráculo

Confeccionar un oráculo como instrumento para averiguar. Los antiguos griegos usaron las predicciones ambiguas del oráculo de Delfos, los chinos usaron el *I Ching*, los egipcios consultaban el tarot, los escandinavos usaron las runas y los indios norteamericanos usaron las ruedas medicinales.

Se caracteriza por la ambigüedad que le permite al consultante encontrar respuestas.

Escribe en tiras de papel el mayor número posible de frases tomadas al azar de un poema, de un periódico, de una revista, de un anuncio televisivo, de una pintada callejera, de una canción, etc. y guárdalas en un sobre.

Formula tu pregunta y extrae al azar una frase del sobre que te permitirá interpretar una respuesta.

Puedes practicar el juego sola o en grupo. Si lo haces en grupo, cada participante puede encargarse de inventar previamente las respuestas (al menos unas diez cada uno) para meter en el sobre.

Podrás conseguir una interpretación más rica si te tomas la azarosa respuesta como algo muy serio.

6
Hablar con encanto

¿Sabes expresar lo que quieres? ¿Expresas bien tus emociones? El lenguaje tiene más poder del que imaginas. No solo podrías entenderte con los demás, sino ganarte a la gente. ¿Hablas más de lo que hubieras querido? ¿Te excedes y luego te arrepientes? O ¿menos? ¿Estás a punto de decirlo y no lo dices? Suponías que actuarías como una encantadora... de serpientes y acabas frustrándote.

También te puede pasar que, por estar pendiente de tu propio discurso, malinterpretes a tu interlocutor, te apresures a juzgar o te aburras. O se te confunda lo que piensas y lo que sientes. Las frustraciones crecen con las dificultades relacionales.

En suma, ¿qué ocurre con la comunicación?

Habla como eres, descubre tu propio estilo y sácale partido, pero ten en cuenta algunas cuestiones básicas tanto en lo que dices como en la forma de decirlo.

¿Qué dices? Cada cual tiene una esfera personal de valores, de experiencias, de recuerdos, de derechos, de deberes... Cuando te comunicas, esa esfera subyace, hablas y te expones a la apreciación de los otros, tu comportamiento tiene un impacto, el diálogo te permite afirmar tu propio punto de vista. Con algunos interlocutores sientes que estás en las antípodas de lo que dicen («no me entiende») y con otros te alegras al conectar en la misma longitud de onda («como si lo conociera de toda la vida»).

A todo el mundo le resulta placentero escuchar un cuento significativo o una anécdota original, humorística o sentimental, una experiencia o una situación fantástica. Recoge historias de la literatura o de la vida y cuéntalas en un momento oportuno. Te lo agradecerán. Ninguna buena historia se gasta, por muchas veces que se cuente. En cuanto a los temas, no es necesario que expreses en voz alta todo lo que pasa por tu mente durante la conversación, se transformaría en un monólogo en voz alta, ni que refrenes tus opiniones.

¿Cómo lo dices? Persuadir, explicar, discutir, comentar, opinar, mostrar, son algunos de los objetivos de una conversación. En cualquier caso, no es bueno lanzar frases hechas, tópicos, emplear un vocabulario limitado, culpar, etiquetar, negar responsabilidades y atribuírselas al destino o a la casualidad.

Pero no solo debes tener en cuenta qué palabras utilizas, sino también otros factores como la voz, la postura, la actitud.

Cómo te expresas, qué palabras utilizas
• Sugerir algo como hacen los anuncios publicitarios, en lugar de decirlo en forma explícita motiva la curiosidad del interlocutor.
• No aburrir con vacilaciones y reiteraciones.
• Aprobar y retomar algún punto dicho por el interlocutor.
• Ser fluido, claro. Pide lo que quieras y no comiences

por lo que «no» deseas. El lenguaje abstracto distorsiona la comunicación cuando tu objetivo es conseguir algo.

• No hablar por hablar ni recurrir a las muletillas ni a las palabras vacías.

La voz, la postura, la actitud

• Procesar la información que te ofrece el interlocutor, sus puntos débiles, sus insinuaciones, para organizar lo que quieras decir en función de lo que has escuchado.

• Mirar a los ojos guardando cierta distancia: levantar las cejas y asentir de tanto en tanto otorga confianza al interlocutor. No taparte la mano con la boca mientras hablas.

• Permitir que te interrumpan. Hablar con serenidad sin que el diálogo se transforme en una competición por acabar la idea.

• Utilizar la entonación adecuada. Variarla. La monotonía aburre.

• Hacer una pregunta al interlocutor vinculada a sus comentarios.

• Convertir en positivo lo que parece negativo, presentar los defectos como virtudes, es contar con una carta ganadora. Es decir, si te hacen una crítica referida a tu reticencia a decir las cosas, puedes presentarlo como un rasgo de discreción, y si te la hacen porque te excedes, puedes presentarlo como un rasgo de sinceridad.

• Dejar de lado las ideas preconcebidas, ser flexible es una condición para la buena comunicación.

• Apelar al sentido del humor. Un chiste desdramatiza la situación.

• Para ganar credibilidad, si tienes un argumento, refuérzalo con citas de alguna lectura realizada.

En grupo. ¿Te adaptas a las circunstancias o tienes un tono de autodefensa que te caracteriza preparado para hablar al grupo? Trata de discernir de cuál o cuáles de estos tonos te apropias: admirativo, agresivo, interrogativo, alegre, cómico, desconfiado, indagatorio, informativo, negativo, animoso...

Trata de sintonizar la empatía, la capacidad de entender las emociones ajenas, más intuitiva que racional, y tu propia simpatía, que te permite conectar con lo que piensan los otros.

Atrévete a preguntar. Ten tus propios criterios y exprésalos sin tratar de imponerlos.

No ocupes la mayor parte de la conversación ni la manipules. Puedes perderte aportes interesantes y crearte un malestar. Suele ocurrir que cuando B. llega a una comida con sus compañeros del curso, las caras se tensan, más de uno no quiere sentarse a su lado, y eso que es una persona agradable, pero habla mucho. Lo que sienten sus compañeros es que coarta la fluidez del grupo. Piensa que practicar la escucha sensible crea un clima de comprensión y estimula a los demás.

Intimario

Sabiduría popular

Con cuál de estos refranes te identificas. ¿Por qué será?

No por mucho madrugar amanece más temprano.
Quien quiera prosperar ha de madrugar.
La fea graciosa vale más que la bonita sosa.
Quien de veras quiere mucho puede.

A donde fueres haz lo que vieres.

A la corta o a la larga el tiempo todo lo alcanza.

A la tercera va la vencida.

Abre el ojo y te ahorrarás enojos.

De músico, poeta, y loco, todos tenemos un poco.

Flores pintadas no huelen a nada.

Hablando, hablando, la ocasión se va pasando.

Haciendo y deshaciendo se va aprendiendo.

La suerte de la fea, la bonita la quisiera.

La suerte es loca y a cualquiera toca.

El corazón sospechoso no tiene reposo.

Si entre burros te ves, rebuzna alguna vez.

Contigo, pan y cebolla.

Lo que vas a gastar en adivino, mejor gástatelo en vino.

7

Alegrarse de vivir

La alegría de vivir es un conjuro contra la muerte. Nada tan sabio como aquello que dice, «a vivir que son dos días». El tiempo pasa demasiado rápido y mi amiga Telma me dice «no te preocupes, que todo vuelve a encontrar su sitio, y seguramente será el que tú menos imaginabas». Lo apunto y me provoca una catarata de asociaciones que me desborda, me expando, el mundo se reacomoda, se convierte en el primer capítulo de una novela, levanto la vista del papel y le digo a mi amiga: «el secreto es escribirlo».

Diviértete y juega, deja que la travesura penetre en tu cuerpo, celebra el encuentro. Si quieres, escríbelo. Ríete contigo y con los otros, contágiales tu alegría mientras no muy lejos se insinúa una tormenta. Como dice sor Juana Inés de la Cruz, «el saber consiste solo en elegir lo más sano».

Contacta con el entorno. Que nada te sea indiferente, la indiferencia conduce al aburrimiento y de allí hay un paso a la tristeza. ¿Piensas que todo lo que se repite es igual? Pues, detecta las diferencias entre dos hermanos gemelos, que las hay. Detéctalas cuando sales a trabajar, siempre a la misma hora, en el trayecto hasta el metro, el autobús, el coche o si vas a pie, encuentra lo diferente en el mundo de lo cotidiano y te lo pasarás muy bien. ¿Te has percatado de lo diferentes que son las cejas de todas las personas, por ejemplo?

Puedes observarlas en el metro e imaginar una historia para cada uno de ellos, ve a saber con qué mundos te conecta.

Y, por supuesto, contacta con la naturaleza. Ciertos árboles permiten recuperar la alegría de vivir. Acarícialos, percibe su fuerza. Quien a buen árbol se arrima, buena sombra le cobija, dice el refrán. Siéntate bajo la copa de un roble, de un castaño, de un olivo; déjate absorber por un almendro en flor; confía en el árbol y establece un imaginario encuentro con él; cierra los ojos y piensa que te abraza, que te protege; escucha lo que dice, camina descalza a su alrededor y recarga tu energía respirando con fuerza y elevando tus brazos al cielo, imitándolo.

Los cinco sentidos proveen el goce. Unas personas se sienten transportadas por un aroma, otras por un sabor. Reconocer a fondo las preferencias es atenderse a una misma. Experimenta el mundo, aguza tus percepciones visuales, aromáticas, gustativas, táctiles y auditivas; recupera las preferidas. Ve tras los olores cuando atravieses un parque, al navegar en una barca elige en una tienda de especias las que te conforten y llévalas a tu cocina. Precisamente, la aromaterapia permite el bienestar a través del olfato, mediante inhalaciones, baños o masajes con aceites esenciales naturales de plantas y flores que pasan del aparato respiratorio a la sangre y tienen variadas propiedades curativas.

¿De cuántas maneras miras? Al mirar se otorga significado. No pierdas la capacidad de asombro ni la curiosidad. Mira los colores dándoles tus propios valores y evitando tópicos. Y no olvides que todo es según el cristal con que se mire, los enfoques son muchos y muchas serán sus aportaciones: contemplas, vislumbras, espías, registras, traspasas con tu mirada y logras ver lo invisible... Pero también cuentan las ilusiones ópticas, para bien o para mal. Ríete con ellas.

Persigue esa exaltación proveniente de un aroma imposible de explicar. ¿Podrías reconocer el olor de la primavera, del invierno, del otoño, del verano? Dice Kipling que «los olores son más seguros que las visiones y los sonidos para hacer sonar las cuerdas del corazón». Salomón aspiraba feliz la fragancia de la reina de Saba, que venía de un país donde crecía la planta de café y a él le inspiró el *Cantar de los Cantares*: «... tienes, novia mía, miel y leche debajo de tu lengua; y la fragancia de tus vestidos es fragancia del Líbano».

Los sonidos más sutiles, los matices ínfimos son infinitos; el sonido es la materia prima de la poesía, la palabra «poeta» proviene de un término arameo que significa «el sonido del agua corriendo sobre guijarros». Dedica unos minutos cada tanto a elaborar una lista de lo que escuchas desde un sitio determinado y te llevarás gratas sorpresas. ¿Puedes recordar los tonos de las distintas voces que suenan a tu alrededor? ¿Has escuchado la tuya?

Los sabores se asimilan a través de la lengua y el paladar. Dice Pardo Bazán: «Cada época modifica el fogón, y cada pueblo come según su alma, antes tal vez que según su estómago». Recupera el sabor que a tu alma conmueve.

Déjate llevar por las palabras. Elude lo que «quiere decir» una palabra y avanza por sus vericuetos gráficos. Este camino es solo tuyo y te ayudará a encontrar fragmentos olvidados y a definirte en relación con el mundo. Las palabras son como esas muñecas rusas que al abrirlas contienen otra muñeca y otra y otra más: tienen una función evocativa, contienen otras palabras. Descubre qué se destaca para ti en este camino de evocaciones, recupera el deleite infantil de los juegos de palabras y te estarás descubriendo alegremente.

Pedir para recibir. Atrévete a golpear puertas cuando algo te inquieta, te sientes perdida, no sabes cómo actuar, en lugar de rumiar las contrariedades que te aquejan. Es una actitud que te puede dar muchas satisfacciones y contribuir a tu alegría de vivir. Pero... acude a quien elijas sin acosarlo. En *Petición*, Gioconda Belli dice:

> Vestirme de amor / que estoy desnuda; / que estoy como ciudad / —deshabitada— / sorda de ruidos, / tiritando de trinos, / reseca hoja quebradiza de marzo.
>
> Rodéame de gozo / que no nací para estar triste / y la tristeza me queda floja / como ropa que no me pertenece.

El humor ante todo. Satiriza los contratiempos, desmonta el mecanismo de los quejicas con una broma. El sano humor es un estado de ánimo que puede filtrarse a través de muchos sentimientos en forma crítico-constructiva ya que siempre deja entrever una pizca de ternura.

Intimario

Que sí, que no

Como ya lo hizo Georges Perec, escribe al azar y en el orden que aparezcan en tu mente:

- Diez frases que comiencen por «Me gusta».
- Diez por «Nunca he hecho».
- Diez por «Me acuerdo».

Diviértete con tu propia vida en columnas y repara en las prioridades de esas listas que por algo asociaste primero.

8

Dialogar con el cuerpo

La belleza en abstracto no existe. Eres guapa o fea según lo que expresa tu cara y tu cuerpo. El pelo delata la tristeza y la euforia; tendrá más vigor, más brillo, más atractivo, si tu organismo recibe la alimentación adecuada, el ritmo de exigencia adecuado, el descanso adecuado, y no porque uses una marca u otra de champú. No estés solo pendiente del envoltorio, de la apariencia, sino de escuchar al cuerpo, dedícale atenciones. No está escindido de la mente, sino que funcionan al unísono. Por lo tanto, si tu mente te pide algo, no le exijas al cuerpo lo contrario.

Tú decides. Cuando un periodista le pregunta a Cecilia Bartoli, la mezzosoprano italiana, si piensa que está un poco «gordita», ella responde: «voluptuosa», se ríe a carcajadas, y añade: «El régimen es una teoría. Lo importante es sentirte bien, fuerte. Necesito comer hidratos de carbono antes de una función. Pasta, sobre todo. Y la receta que más me gusta es espaguetis con ajo y guindilla picante». También aclara que los comería todos los días y no lo hace. Es decir, una impone su propio equilibrio. Aunque existen hábitos beneficiosos para todas como dormir desnuda en contacto con olorosas sábanas de algodón o beber no menos de dos litros de agua al día.

Tu mejor imagen. Practica los tres baños imprescindibles: de agua, de aire y de sol de la forma más placentera posible. Agua, oxígeno y luz son los tres elementos para mantener una piel sana, limpia y luminosa. La ducha diaria es tonificante y favorece la circulación, alterna agua fría y caliente. El baño de inmersión es conveniente una vez por semana. Los complementos: el guante de crin para friccionar rodillas, codos y espalda, un jabón de miel, de avena, de coco. Luego, masajéate con una loción o una crema hidratante. Cada tanto, una sauna, una exfoliación para limpiar la piel de impurezas, y baños de vapor. Oxígeno y sol, pero tomando precauciones con un buen filtro solar.

Aliméntate bien. Si tu objetivo es adelgazar, cuídate todo el año y no solo antes del verano. Es más aconsejable perder poco peso en mucho tiempo que mucho, en poco tiempo. Si sigues una dieta, no pierdas de vista el control del especialista, no todas las dietas sirven para todas las personas. Aunque tampoco suele hacer falta una dieta estricta, sin comer cosas sanas. Pensar qué te conviene y qué no, y evitarlo. Escoge un bocadillo y un zumo de fruta, por ejemplo, que tiene más fibra y más vitaminas que un cruasán y un café con leche.

Un hábito para evitar el exceso de peso es beber antes de comer y no durante las comidas, tomar fruta a media mañana o por la tarde, eliminar el postre después de las comidas principales, evitar el pan.

Depurar. Una «limpieza» periódica resulta muy adecuada. Tu cuerpo indicará la mejor fórmula, tu cuerpo sabe. Podrías planificarte unos días de alimentos simples, nada de chocolate, frituras, carnes grasas, salsas, condimentos, alimentos agresivos. Otra opción es tomar solo frutas y verduras cocidas, evitar dulces y pastas «engordantes», deshacerte así de algún kilo en pocos días y sentirte más transparente, como si flotaras, más contenta.

Haz ejercicio físico. Te conviene hacer deporte o actividades que descarguen la mente y el espíritu. Pero no le exijas al cuerpo más de lo que puede dar o sufrirás el llamado síndrome Sharon Stone. Para llevar mejor los días de menstruación, reduce el consumo de cafeína, alcohol y tabaco, que fomentan la ansiedad; de sal, que retiene líquidos, y practica una actividad relajante, como el yoga.

Fuera las tensiones. Sentada en una silla, contando hasta cinco entre cada movimiento y repitiendo al menos diez veces cada ejercicio.

- Para el cuello: Apoya los pies contra el suelo con firmeza, coloca las manos sobre tu falda, gira la cabeza hacia la derecha, hasta que el mentón quede encima del hombro, y gíralo hacia el lado izquierdo.
- Para las piernas: Bien erguida, coloca las manos sobre tu falda, apoya los pies firmemente contra el suelo, levanta los talones apoyando las puntas con las piernas en tensión, aflójalas, apoya los pies y repite.
- Para las caderas: Bien erguida, lleva tus manos a la cintura, los pies firmes contra el suelo, inclínate hacia el lado derecho, levantando apenas las nalgas del asiento, cuenta hasta cinco, vuelve a tu posición inicial, inclínate hacia el lado izquierdo y procede de igual manera.

• Para los brazos: Bien erguida, apoya los pies firmemente contra el suelo, coloca las yemas de los dedos sobre los hombros, deja que los brazos doblados sobre los codos cuelguen a los costados, extiende tu brazo derecho hacia arriba, los dedos apuntando al techo y estirados, vuelve a tocar tus hombros con los dedos, repite el ejercicio con el otro brazo.

Mascarillas naturales. Aplicarlas una vez por semana, colocando sobre los ojos un algodón empapado en manzanilla.

• Para iluminar el rostro: Mezcla un huevo, una cucharada de miel, una de levadura de cerveza y aplícala en tu rostro durante quince minutos y aclarar.

O mezcla 3 cucharadas de avena, agrega una clara de huevo y unas gotas de zumo de limón, y unta rostro y cuello durante quince minutos. Espera a que la mezcla se seque y enjuaga con agua tibia.

• Para tonificar: Aplica zumo de manzana natural durante veinte minutos y aclarar.
• Para blanquear: Mezcla dos cucharadas de leche en polvo, dos cucharadas de zumo de limón, cuatro cucharadas de miel y aplícala durante media hora, retírala con agua mineral caliente, y pásate un trozo de hielo envuelto en una gasa.
• Para el acné (incluidos espalda y pecho): Mezcla polvo de azufre y zumo de pepino, déjalo unos veinte minutos.

Intimario

Así duermes, así eres

Mira por dónde, te delatas...

En el borde: Transgresora, desenfadada, atrevida, estás a punto de caer, pero no caes. Puedes sentirte fuera de lugar en sitios convencionales o ser admirada por tu originalidad.

Tendiendo al centro y boca arriba sobre la cama: Serena, optimista, realista, espontánea pero con sentido común.

Boca abajo: Antojadiza, más pendiente de ti misma que de los que te rodean, inconformista.

En posición fetal: Miedosa, insegura, hermética, no das un paso adelante a pesar de que sabes que deberías darlo, buscas que te protejan, pero no te atreves a pedir amor.

Con una pierna plegada: Equilibrada, te sabes cuidar, flexible.

Con una mano bajo la almohada: Necesitas afecto siempre, fantasiosa, infantil.

Atravesada en diagonal: Independiente, optimista, necesitas libertad, sabes disfrutar en cualquier momento.

9
No temer a los fantasmas

Tengo miedo si te acercas, tengo miedo si no estás, tengo miedo si te quedas, tengo miedo si te vas, miedo si no esperas, si me quedo atrás... Quien halla su destino pierde su miedo, decían los aztecas. El que reconoce y acepta a sus fantasmas, disminuye sus temores.

«¿Cree en los fantasmas? —le preguntaron a Madame du Deffand—. No, pero les temo», fue la respuesta. Todo el mundo tiene miedo. Por eso el mundo se mueve menos de lo que se debería mover. Pero sé de uno que no viajaba en avión ni en coche para evitar accidentes y sufrió un accidente en un ascensor.

A contactar con gente nueva. Ante la entrada de un nuevo personaje en un grupo previamente formado, las reacciones de los componentes pasan de la aceptación al rechazo. Si tu rechazo no tiene causas justificadas, te convendría preguntarte si ha surgido a causa de un miedo injustificado o desconocido y replanteártelo. O te produce temor tener que presentarte ante determinadas personas o en un evento; busca fórmulas para superarlo (centra tu mirada en una sola persona, no memorices lo que vas a decir, pero ten claro el hilo, etc.).

A volar (en casi todas sus variantes), a viajar en avión o a despegar, metafóricamente. Te aferras a lo conocido y allí te quedas perdiéndote lo que el mundo contiene. Te pegas a tu pareja y pretendes llevarlo a todos los sitios que tú vas, le guste o no le guste a él. A lo que temes, posiblemente, es a no tener el control de una situación que te desborda, escapa de tus límites y te angustia.

A no ser aceptada. ¿Te dices «a quién le importa lo que yo haga, a quién le importa lo que yo diga»? ¿Deseas que la tierra te trague cuando alguien te insinúa que tu forma de vestir o de actuar no es de su agrado? ¿Te obsesionas con lo que los otros puedan pensar de tus actos? Si intentas complacer a todo el mundo, tus fantasmas harán un festín. No los engordes. El precio que pagarás será muy alto. Las manifestaciones son variadas y todas ocultan la propia inseguridad: la que nunca habla de cuestiones personales o la que cuando lo hace siempre aclara que no lo ha hecho del todo bien o no tan bien como lo hace otra persona, la que se desespera por hacer todo perfecto, la que le exige a los otros para descargar su impotencia, la que no opina, la celosa enfermiza, la que se siente inferior, la que tiene prejuicios.

A manifestar tus necesidades. Conozco a una chica que desconecta su móvil cada vez que tiene que decir que no a una posible propuesta antes que enfrentar al interlocutor y negarse a la misma o postergarla. Una vez, en lugar de la persona temida, llamó alguien para hacerle una invitación irrepetible y se la perdió.

A lo que no tienes. Las frustraciones generan cierta agresividad y fantasmas destructivos, pero puedes buscar formas de combatirlos. Puedes proyectar, por ejemplo, en distintos personajes de la literatura de terror o policíaca; cuando las frustraciones o los deseos son de amor, la literatura rosa compensa. El marqués de Sade estaba en la cárcel de la Bastilla y como no podía mentener relaciones sexuales, inventó toda clase de formas posibles de hacerlo.

En suma, el miedo tiene distintas caras. Pero ten en cuenta que la gente respeta más al que respeta sus deseos y sus convicciones, piensa que lo que tú digas de ti misma es lo que los que te escuchan registrarán. Si dices que eres tonta, te verán algo tonta. Se pueden aceptar las sugerencias, pero no tomar las opiniones ajenas al pie de la letra. Como dice mi amiga Telma, las opiniones ajenas son un punto de vista de quien las expresa y si desde esa perspectiva opina que no le gusta tu manera de reaccionar, de vestir o de enfocar una cuestión es su responsabilidad, no la tuya.

Repara en los elogios. Ante los estímulos que provocan temor, aprende a proyectar en la mente situaciones nuevas, compara las habituales con otras experiencias.

Escribir lo bueno que hay en ti puede ayudarte. Lleva un diario y, como su nombre lo indica, apunta cada día algo bueno que salga de ti: un descubrimiento, una idea, una acción. Eso sí, desde ahora, prepárate para captarlo.

Mirar a la cara a tu propio fantasma y hacerte amiga es un logro, piensa que habita en tu propio territorio. Imagina qué aspecto tiene e invítalo a ir detrás de ti, no delante.

Y cuando te pierdas, haz tuyos estos versos de Ángel González: «Para quien anda a tientas, y no sabe, la noche abierta es un peligro hermoso».

Intimario

Zonas ocultas

Desarrolla los siguientes pasos para hurgar en tu mundo interno y no leas con anterioridad los resultados posteriores.

Dibuja tres círculos en un folio. Pueden ser de distinto tamaño o iguales.

Mientras los dibujas, imagina que representan el pasado, el presente y el futuro y colócalos en la posición o el orden que prefieras (por ejemplo, uno al lado del otro, uno superpuesto al otro, muy separados entre sí, etc.) según el significado que tengan para ti.

Escribe debajo de cada uno las palabras *presente*, *pasado* y *futuro*.

Resultados: ¿Qué círculo predomina en tus dibujos?

• Si el del pasado es el más grande, puede ser que los acontecimientos ya ocurridos tengan más importancia para ti que el presente y el futuro.

• Si el del presente es el más grande, lo que está ocurriendo en estos momentos ocupa tu mente y tu atención.

• Si el del futuro es el mayor, eres soñadora y miras el mañana con ilusión.

• Si los tres círculos son del mismo tamaño, no te preocupas por el pasado ni por el futuro.

• Si el más pequeño es el del pasado, no estás muy pendiente de tu familia ni de tus raíces.

• Si el presente es el más pequeño, no te sientes satisfecha con tus logros, y crees que tu felicidad viene del pasado o está en el futuro, sin ver los problemas, los retos y las satisfacciones que el presente te ofrece.

• Si el círculo mayor es el del futuro, es porque crees que puedes superar cualquier crisis.

• Cuando el del futuro es el más pequeño, no deseas pensar en lo que puede ocurrirte más adelante, el riesgo es que creas que el futuro no te deparará dicha alguna.

• Dos círculos dentro de un círculo mayor, indican una persona introvertida y algo egoísta.

• Si los círculos se juntan o están sobrepuestos, representan a una persona inteligente que sabe que la vida tiene altibajos y que su posición de hoy se basa en gran medida en cómo fue su vida de ayer, y que afectará a la de mañana.

$\mathcal{D}$ar un giro a tu vida

Innovar es descubrir, inventar, transformar, cambiar. Y se opone a mantener y conservar. Búscalo en el diccionario de sinónimos y lo comprobarás. Y como las palabras son puertas que se abren hacia donde tú imaginas, agregarás el sentido que prefieras. Hay días en que te sientes pletórica, el mundo se ensancha, tiene muchas direcciones; pero otros, la frustración te ataca y no ves más que un estrecho pasadizo hacia ninguna parte. En este segundo caso, trata de recordar el ancho mundo de tus momentos exaltados e intenta arriesgarte por alguno de esos caminos. Prueba, total el no ya te lo ofrece tu desapacible estado de ánimo. Tal vez, tomas un atajo o una carretera por los que soplan vientos distintos. Al menos, no repitas los modelos obsoletos, no te sientas tentada a volver a modelos que te resultan fáciles ante el primer obstáculo. De lo contrario, vives con la sensación de hacer todo a medias y acabarás al borde de un ataque de nervios. Una pena. En lugar de comerte la cabeza, actúa.

Hacerlo a tiempo. Si algo te abruma en su inicio, comiénzalo por el fin. Plantéate cambiar aquellos aspectos que te molestan o te perturban antes de que las cosas ocurran y no después. No hagas como X que desde lejos vio al que identificaba como el hombre de su vida, se dijo: «tengo que resultarle fantástica». Se apresuró a quitarse las gruesas gafas que la afeaban... y lo perdió de vista. Si se hubiera ocupado antes del tema, se hubiera habituado a usar lentillas y no le habría ocurrido.

Cambiar para vivir mejor. No se trata de cambiar solo porque algo está mal sino para mejorar lo que está bien. No pienses que actúas erróneamente y te culpabilices, cambia para mejorar tu entorno y recibir respuestas más animosas. Modifica tu forma de reaccionar frente a una situación que normalmente te molesta o te hace daño.

Cambia las partituras de los rituales. Ser más flexible te permitirá tomar con más comodidad las riendas de ti misma, avanzar en una nueva dirección, alejarte de lo que te perjudica, acercarte hacia lo que te da placer.

Explora lo que está más allá de lo conocido, expande tus propios límites.

Variar el rumbo de las relaciones. Si tienes la suerte de encontrar en tu madre a tu mejor confidente, es fantástico, pero atención, no por ello te veas obligada a consultarla constantemente. Romper el cordón umbilical con la madre es un paso hacia la autonomía, base de la felicidad. En cambio, si la relación con ella es casi inexistente, piensa que nunca es tarde para promover el cambio. Piensa que tal vez ella haya estado más carenciada que tú en muchos sentidos, busca una ocasión para hablar del tema y de vuestra historia común. Te dé o no resultado, no te arrepentirás.

¿Alguna vez te has detenido a pensar qué lugar ocupas entre otras personas? ¿Cuál es tu actitud ante ellas y cuál la de ellas ante ti?

La forma en que te reciben en tu grupo de estudios, de trabajo, de amigos, si te prestan mayor o menor atención, si te sientes relajada o tensa entre ellos, es una buena guía para tu autoconocimiento. Si actúas siempre de la misma manera en forma mecánica y después te quejas de que no te han prestado la suficiente atención, de que no te miran ni te escuchan, de que ni se enteran que estás, es urgente que analices cómo te muestras. Porque tu primera carta de presentación es lo que digas o lo que hagas. Si no te trae conflicto tu relación grupal, igualmente puedes dedicar unos momentos a este análisis. Siempre te resultará beneficioso «verte» como en una pantalla para rescatar también lo positivo, y tal vez descubras que en algo debías cambiar y no te habías dado cuenta. O potenciar lo bueno, como decía Nietzsche: «No es la fuerza, sino la perseverancia de los altos sentimientos la que hace a los hombres superiores».

Otro tipo de trabajo. Te gustaría tener un despacho, un estudio, una empresa propia, pero no te atreves a arriesgar tu trabajo estable, con un salario que te satisface, el riesgo y el sacrificio te asustan y acabas convenciéndote de que en realidad no son tan excesivos tus deseos, te mientes. Sin embargo, el primer paso es hacer las dos cosas a la vez, monta tu empresa sin dejar de trabajar e involúcrate en todo lo que implica ser independiente.

Toma la decisión con firmeza, destacando lo que quieres. Investiga si debes formarte y especializarte. Averigua los detalles, consulta al mayor número posible de contactos; prepara entrevistas con especialistas, orientadores profesionales, agencias de colocación; recurre a instituciones, amigos, parientes, jefes, vecinos, maestros que te merezcan confianza y te puedan dar sugerencias y ayuda efectiva para hacer realidad tu proyecto.

En suma, construye tu propia afirmación para atreverte al cambio.

Para una vida gozosa. Haz un listado de las cosas que te gusta hacer (o te gustaría). Con toda seguridad, eres capaz de proponerte más de lo que te imaginas. Haz una cosa nueva todas las semanas durante un mes, altera una norma, añade una innovación a tu vida: cambia de lugar los muebles de tu habitación, almuerza en otro restaurante, levántate a una hora distinta de la habitual y estírate como un gato o como una leona sintiendo en tus articulaciones la libertad de moverte para ser lo que quieras ser.

La niña extraña
ANA EMILIA LAHITTE

Tenía un grillo entre las sienes
y sabía decir mariposa.
Lo demás lo ignoraba.
Un día descubrió que Dios no era una alondra.
Otro día
les dijo a las simientes
que sería más lindo brotar alas.
Al fin
se convenció de que en el mundo
hay demasiadas cosas sabias.
Y se fue despacito,
caminando,
caminando hasta el alba.

Intimario

O una prenda tendrás

¿Miras siempre adelante? ¿A veces a los lados? ¿Pocas veces atrás? Prueba a girarte.

Hazlo literalmente: en la calle, en el metro, en un bar, en una cabina telefónica, en la oficina, en la clase de la universidad, y hasta en tu casa. Gírate tantas veces como sea necesario hasta que te habitúes a hacerlo.

¿Cuántas variantes del giro conoces?

La más evidente es la que ejecutan las bailarinas.

Agrega todas las que se te ocurran y visualízalas durante un momento para descubrir qué provocan en ti.

Es posible que descubras lo que no te imaginabas. Pero también es posible que traslades así ese hábito a otros planos de tu vida y también te topes con lo menos imaginado.

11
Sacar partido de los obstáculos

No hay árbol que el viento no haya sacudido. Las dificultades se presentan de forma inesperada o como consecuencia de algún error cometido. No dejes que un obstáculo te hunda, tómalo como un paso hacia una cercana salida. Haz como aquella burra que se cayó a un pozo, y que su amo, considerando que estaba vieja, decidió dejarla allí y tapar el pozo con ayuda de los vecinos. La burra lloró desconsolada. Sin embargo, luego se tranquilizó, se sacudía cada palada de tierra y daba un paso hacia arriba. Pronto, todo el mundo vio sorprendido cómo llegó hasta la boca del pozo, pasó por encima del borde y salió trotando. Ante una frustración, ante una situación experimentada como fracaso, no eches la culpa de lo que te ocurre a los demás, porque a menudo la causa es la necesidad de mitigar la angustia la que te compulsa a acusar. Hazte cargo de tu responsabilidad y dedícate a buscar una nueva oportunidad. Numerosas equivocaciones se deben a que cuando debemos pensar, sentimos, y cuando debemos sentir, pensamos.

El fracaso lleva a un cambio de camino o de estrategia. Fracasar te resulta insoportable ¿por haber fracasado o por miedo a lo que dirán? En lugar de problemas, piensa que son dificultades momentáneas. Sin embargo, haber alcanzado un éxito no significa que somos exitosos en la vida, así como haber tenido un fracaso tampoco significa que somos fracasados. ¿Aunque qué es el éxito y qué, el fracaso?

El éxito puede ser el resultado de capitalizar los obstáculos, lo cual no es resignarse. Es aceptarlos con naturalidad, aprender de los errores para no volver a caer en ellos.

Entre hacer algo y no hacerlo. Escoge hacer, especialmente en esta etapa, debes hacer lo más posible, no quedarte quieta. Es la edad en la que más posibilidades de todo tipo existen, no hay que dejar de aprender, del modo que sea, en el ámbito que sea. Si te equivocas, contarás al menos con la experiencia, sabrás qué es lo que no debes hacer y qué otras cosas puedes probar.

En cualquier caso, ten fe en lo que haces y convéncete de que se vive en presente, solo en presente. No te martirices pensando que cierto acto debías haberlo ejecutado antes. Porque como dice mi amiga Telma, «una no puede estar arrepintiéndose de lo que no pasó: por alguna razón no pasó; seguramente, no estaban dadas las condiciones para ello y ahora sí lo están; todo necesita un tiempo y un proceso: antes podía ser solo un deseo y ahora es una realidad».

El que no arriesga no gana. Te limitas a seguir el ejemplo, a cumplir con las sagradas reglas sociales, a mostrarte adaptada al grupo para recibir... ¿qué? Si comes la verdura, te compro un helado, resuena en tu cabeza, y te acabas la verdura sin rechistar. No te sales de la fórmula. Arriesgarse es confiar en el azar. Mientras no te atrevas a improvisar estarás expuesta a la monotonía y el estancamiento. Solo se puede arriesgar siendo uno mismo, sin falsear.

Todo el que intenta algo nuevo puede equivocarse. La persona que nunca comete una tontería nunca hará nada interesante. Dice un proverbio: «Si tu mal tiene remedio, ¿por qué te afliges? Si no lo tiene, ¿por qué te afliges?».

Pieza acuática
YOKO ONO

Robar la luna del agua con un cubo.
Seguir robando hasta que no se vea luna en el agua.

Intimario

Con el dedo en la llaga

¿Los demás creen de ti lo mismo que tú crees?

¿Piensas que tus amigas salen muy bien en las fotos y tú siempre sales horrible?

¿Nunca te gusta el que se te acerca, sino el que jamás te mirará?

De las siguientes preguntas sugerentes, deduce tú misma las conclusiones.

¿Eres de las que hacen cola en un restaurante esperando una mesa, de las que reservan la mesa con tiempo o de las que van de un local a otro hasta dar con una mesa libre?

¿Qué tipo de coche prefieres, uno pequeño o un llamativo descapotable?

¿Sueles reflexionar sobre lo que te pasa o inmediatamente buscas culpables de tus males?

¿Qué crees que piensa de ti un empleado que te atiende en una oficina o la persona que viaja frente a ti en el tren?

¿A qué cosas estarías dispuesta a renunciar por alguna causa y a qué otras no renunciarías jamás?

¿Has encontrado al menos una razón por la que haya valido la pena pasar por ese trance tan dificultoso, sufrir esa pérdida o no alcanzar esa meta?

¿Qué pensamientos te asaltaron mientras respondías a este cuestionario?

12
Querer la naranja entera

¿Buscas a tu media naranja? Sin embargo, la media naranja no es el otro que te completa. Tú eres una naranja entera, o la fruta que prefieras, y él debería ser otra, no necesariamente de la misma clase, tamaño, color.

Se dice que el único amor verdadero es el eterno. Pero la eternidad, en este caso, se vincula con el instante de los sentimientos que puede ser intermitente o más duradero. ¿Qué pasa hoy cuando dos personas se enamoran? El concepto de matrimonio ya no es el de antes, sin embargo se sigue persiguiendo este estado con ilusión y se organizan bodas de todo tipo (aunque la parafernalia de la boda podría atribuirse a la necesidad de protagonismo que a la novia de turno le ataca, pero esto es parte de otra reflexión).

Eres libre, decide tú qué prefieres y sal a su encuentro decidida a vivir la pasión, característica distintiva del amor, pero no a inventártela o a engañarte. La pasión que te hace vibrar, y a veces enfadar, no aflora en el terreno inadecuado.

Los primeros objetos de amor. Los encuentros amorosos son en parte reencuentros con los misteriosos lazos que nos unen a nuestros primeros objetos de amor: madre, padre, hermanos u otras personas. Con las caricias, las miradas, las palabras y las atenciones de que fuimos objeto o nos organizamos una red de apetencias y deseos que nos hacen elegir a este, y no a aquel, por semejanza u oposición a esos modelos internos que tienen mucha influencia en nuestra vida afectiva.

Las trabas más comunes. Cada mujer es única, pero muchas cometen los mismos errores a la hora de formar una pareja. ¿No te duran las relaciones, la mitad de tu cama está helada y piensas que nadie te soporta en los últimos tiempos?

¿Qué sucede que no encuentro una pareja?, ¿qué les pasa a los hombres?, te preguntas y te sientes peor si tus amigas tienen novio o marido y te dan consejos desde su trono mientras esperas al príncipe y te dices que te conformarías con un lacayo. Cuando al fin se te acerca percibes que no es el hombre de tu vida, te resignas y lo aceptas pensando que los más atractivos son poco expresivos, que los expresivos eluden el compromiso, que los divertidos quieren libertad, que los que podrían comprometerse te exigen tanto que te sientes agotada antes de empezar, y los más interesantes están casados.

Es probable que una mala experiencia te haya predispuesto contra el amor y no seas consciente o que la confianza no te acompañe. ¿No será que tú misma te pones obstáculos por miedo a enamorarte y te resulta cómodo sentarte a cantar «la vida me engañó»?

Pistas que pueden ayudarte a estar más cerca del hombre de tu vida

- No dejar pasar de largo las oportunidades. Mirar con los ojos bien abiertos, porque la realidad demuestra que el príncipe llega si estás muy despierta, no si te quedas dormida, como en el cuento. En el acto de ver no se precisa la voluntad. En el acto de mirar se precisa la voluntad y el deseo. En el acto de contemplar se precisa la voluntad para traspasar la realidad y apropiársela.

- No repetir esquemas de tu entorno familiar. Que tus reacciones te pertenezcan en lugar de apropiarte de las de tu madre o las de tu padre.

- Evitar la ansiedad que enceguece y enamorarte del personaje inadecuado. Fantaseas colocando en él las cualidades que te atraen y no tiene, o transformándolo. Comienzas viviendo un sueño y acabas viviendo una pesadilla. Intenta mirar a esos que no miras. Si te quedas aguardando a un ideal, es posible que el hombre real que te entregue su amor esté más cerca de lo que te imaginas y lo dejes pasar.

- No confundir pasión con amor. Una cosa es que un hombre te atraiga y otra es poder convivir con él.

- No temer al abandono. El miedo a sufrir paraliza. Es el miedo al miedo antes de que lo malo suceda.

- Respetar al otro. No tratar de adueñarse de él como si fuera un objeto para satisfacer tus caprichos ni mirarse el propio ombligo sin tener en cuenta los deseos de la otra persona.

- No ocultar las inquietudes por temor a verbalizarlas y profundizar en los conflictos sin inhibiciones. Saber negociar y llegar a un acuerdo en el que los dos se sientan bien con lo que hacen.

En conclusión, el tuyo podrá ser un amor pasajero o uno de toda la vida. Pero el tiempo que dure debe ser bien compartido. No alimentes falsas ilusiones ni te esfuerces por conservarlo a toda costa. Cada pareja es un mundo y cada una tiene sus propios códigos, pero sinceridad mutua, autonomía y constante creatividad son ingredientes a favor.

Intimario

Elige tu personaje

Explica a cuál prefieres de los siguientes personajes de los cuentos y aclara las razones:

Pulgarcito, el que es diferente de los demás.
Peter Pan, el niño que no quiere crecer.
El Gato con Botas, el intrépido.
El Lobo de Caperucita Roja, el engatusador.
Pedro, de Heidi, el compañero.
Simbad el Marino, el aventurero.
El Mago Merlín, el brujo bueno.
El Patito Feo, el que no se atreve a volar.
El Flautista de Hamelin, el líder.
Alí Babá, el ganador.
Robin Hood, el justiciero.
Tarzán, el salvaje.

13

Consultar el origen

Eres también la niña que fuiste. Mi amiga China me recordaba cómo nos gustaba repartir la merienda en el patio de la escuela, íbamos las dos con la cesta de las galletas, dice que se reía con las preguntas que yo les hacía a las maestras y que le encantaba maquillarse con los cosméticos de mi madre. Yo no lo recordaba y el corazón se me alborotó al revivir la infancia desde su ángulo de mira.

Saber cómo eras te permitirá ampliar tu mundo interno y saber qué te hace falta ahora. Si tienes reacciones infantiles y te diviertes jugando, reforzarás la base de tu actitud al constatar que no jugaste lo suficiente, o no lo hiciste de la mejor manera, o te veías obligada a fantasear para evadirte de una realidad poco satisfactoria, por ejemplo, y te sentirás en paz.

Las marcas emotivas. El corazón manda. ¿Sabes qué te impulsa hacia otra persona? A menudo, la atracción se vincula a experiencias infantiles que dejaron en la memoria inconsciente un poso de placer.

A veces puede enamorar una forma de caminar, unos ojos, una voz, un carácter determinado, cualquier rasgo físico o mental, quizá la combinación de varios; tales rasgos están asociados a alguien que amamos en los primeros años de nuestra vida. Saber que tu padre se agazapa de alguna manera en cada hombre con el que te cruzas, Edipo o Narciso, que puedes estar buscando una figura similar, te puede permitir analizar con más herramientas por qué te cuesta tanto enamorarte. ¿Tienes acaso un padre encantador? Difícilmente habrá uno como él. ¿Tienes un padre inoperante, con poca iniciativa, algo cobarde? Su «copia» será maltratada por ti. Si tu padre es incompetente, mujeriego, bebedor, es posible que elijas un hombre que te amargue la vida. Aunque también puede atraerte alguien totalmente opuesto a ese primer modelo y ser tanto o más problemático. Insisto, ser libre de ataduras y complejos conduce a la felicidad.

Consulta tu pasado para saber el origen de tu presente, qué mandatos puedes cambiar, a quién reclamar o simplemente por curiosidad. Opta por el camino que prefieras:

- El encuentro imaginario con la niña que fuiste. Cierra los ojos, avanza por un sendero y visualiza en tu mente a la niña. Obsérvala. Averigua qué necesita, imagina que se lo otorgas y abre los ojos.
- El álbum de fotografías y los antepasados pueden ser la vía para conectar con los recuerdos más estimulantes que pueden convertirse en proyectos a realizar: volver a un sitio o reencontrar personas y revivir sensaciones. Recorre nuevamente con mirada inquisidora los espacios que transitaste de niña.
- Las percepciones. Sal al encuentro de los olores que te estimulen, los que te transportan a una situación vivida y te ponen en movimiento: el de una fogata, el de la gasolina, el del mar y la arena, el de los lápices escolares. Busca los sabores más antiguos, tu primera papilla,

un postre especial, una golosina de entonces, la comida que preparaba tu familia en Navidad, tu pastel de cumpleaños. Pondrás en movimiento las emociones al gozar de sus resonancias, como cuenta Marcel Proust:

> El sonido de la lluvia me devolvía el olor de los lilares de Combray; el movimiento del sol en el balcón; las palomas de los Campos Elíseos; el atenuarse de los ruidos con el calor de la mañana, la frescura de las cerezas; del rumor del viento y del retorno de la Pascua renacía el deseo de Bretaña o de Venecia.

Tu casa te contiene. Mírala como si la vieras por primera vez. Observa qué objetos componen tu vida, cuáles guardan tus secretos. Es posible que frente a unos más que frente a otros te cubra un aluvión de sensaciones que encubren hechos ocurridos o por ocurrir. ¿Cómo son esas sensaciones? ¿Frente a qué sientes embeleso, tristeza, confabulación, turbación o indiferencia?

Tus objetos marcan quien fuiste, dónde estuviste, con quién; de qué te felicitas y de qué te arrepientes. Tal vez, la escenografía que los contiene marca cómo eres. Señala Ernesto Sábato:

> ... al retornar a nuestra casa después de un día de trabajo agobiante, una mesita cualquiera, un par de zapatos gastados, una simple lámpara familiar, son conmovedores símbolos de una costa que ansiamos alcanzar, como náufragos exhaustos que lograran tocar tierra después de una larga lucha contra la tempestad (...) aquel par de zuecos, aquella vela, esa silla, no quieren decir ni esos zuecos, ni esa vela macilenta, ni aquella silla de paja, sino Van Gogh, Vincent: su ansiedad, su angustia, su soledad; de modo que son más bien su

autorretrato, la descripción de sus ansiedades más profundas y dolorosas.

Por fin, distánciate de tu pasado y mediante el material reunido observa cómo vivías y qué pretendías en tu pasado, un balance que te afirmará el yo, esa «comodidad para nombrar a alguien que no existe realmente», como decía Virginia Woolf.

Intimario

Recibir los mensajes de la Luna

La Luna (la madre, la casa, la sabia, la virgen) y Venus (la bruja, lo oscuro, lo sensual, la amante) están incorporadas en la mujer. Los especialistas dicen que los efectos de la fase lunar en el momento del nacimiento es fundamental para explicar características de la personalidad combinada con la presencia del sol y otros planetas (señalados en el capítulo 18). Saberlo y recapacitar para encontrar el equilibrio.

¿En qué estado se encontraba la luna el día y hora de tu nacimiento? Las tendencias son las siguientes:

Luna nueva. Sosegada, tienes conciencia de las decisiones que tomas. Alcanzarás lo que persigas con un mínimo esfuerzo.

Cuarto creciente. Activa y emprendedora. En períodos de quietud te deprimes.

Luna llena. Brillas en la actividad que te propongas, de vitalidad apabullante, pero los excesos de energía pueden llevarte a la autodestrucción. No te extralimites.

Cuarto menguante. Todo te es concedido con mucho esfuerzo personal. Debes trabajar de forma positiva para evitar los obstáculos.

14

Divertirse con una misma

¿Cambias la melodía de tu móvil cada cinco minutos para imaginar que alguien te llama o apagas el móvil porque quieres desesperadamente estar sola?

Deseabas estar sola. Cuando tienes la oportunidad, unas horas, un día entero, varios días, y te preparas a hacer todo aquello que venías postergando, una desazón diluye las perspectivas que tan claras aparecían. ¿Qué pasó? ¿Te mentiste creyendo que podías estar contigo misma y llegado el momento no sabes bien con quién estás? Es una cuestión difícil de resolver, pero ineludible. Tener el gusto de conocerse a una misma es un proceso tal vez interminable del cual una sale asombrada y encantada. Tal vez, te conviene iniciarlo antes de proponerte un encuentro en solitario con esa que eres.

La desazón puede provenir de fuentes directas como querer encontrar una explicación a todos los pensamientos que te asaltan o creer que estás sola y resulta que te acompaña tu fantasma.

Tolerar la existencia de ambigüedades en tu interior en lugar de intentar dar a todo una explicación y atender a las interferencias en lugar de dilatarlas es un buen antídoto.

Dale la vuelta a tus complejos. Los complejos son productos imaginarios. A raíz de ellos, hay mujeres que viven según los deseos de los demás, otras se preocupan excesivamente de su aspecto físico, se dejan absorber por su profesión o se encorvan por no mostrar su cuerpo libremente. ¿Eres muy alta o demasiado bajita? ¿Y qué? Si te quedas en último lugar te perderás el espectáculo. En general, los complejos son la punta del iceberg, detrás del cual puedes investigar tus verdaderas inseguridades.

El extremo opuesto es el narcisismo, cuyo ego es como un globo vacío en su interior. Una persona narcisista es egocéntrica, manipuladora, intolerante, no soporta las críticas, niega todo tipo de conflicto y no ve más allá de su propia sombra.

Aprende, estudia, participa, interrógate. Dudas, te sientes sola, sin salida, y en lugar de luchar, aprender, investigar, recurres al móvil, que capacita el diálogo estereotipado y no la verdadera comunicación, chateas por Internet, una pantalla que te convierte en un ser anónimo, o te conviertes en un personaje como la Bella Durmiente que espera la salvación de fuera, se prepara para ama de casa y estudia de memoria... las revistas de belleza.

¿Cómo salir del atolladero antes de que sea demasiado tarde y estés recluida en tu bonita casa sin intereses propios que te alegren la vida?

Haz deportes, participa en grupos de teatro, estudia idiomas, emprende una carrera universitaria. Especialízate en el tema que más te guste.

Sé una lectora voraz. Cuando oigas o leas una palabra nueva, anótala y busca su significado. Pide información, que es una buena vía para intimar de una manera más rica con la gente.

Baila sintiendo cada una de tus articulaciones.

O deja que se te vaya la bola de cristal e imagina que viajas a otras dimensiones.

Hazte preguntas, pon en marcha el asombro infantil, dedica tiempo a la reflexión, aprende algo nuevo, registra tus observaciones en una libreta y apunta una pregunta al final de cada registro, que no necesitas responder inmediatamente: lo importante es el interrogante que te conecta con otros planos.

Festeja lo que es. Las conjeturas no conducen siempre a buen puerto. Calculas que las cosas sucederán de tal o cual manera, te entusiasmas, pero olvidas que el mundo que te contiene está constituido por una red cuyos hilos no confluyen solo en ti, son múltiples sus direcciones y son imprevisibles. Por lo tanto, es posible que te lleves una desilusión, al esperar que la otra persona reaccione como tú lo habías previsto basándote en esas traicioneras conjeturas. Si creías que alguien te invitaría y no te invita; que te iría a despedir o a recibir y no ha ido; que te harían un regalo y no te lo hacen; no te sentirás frustrada. Todo hubiera sido menos penoso para ti si no hubieras supuesto nada.

Así:

• Déjate llevar por las circunstancias y alégrate con lo que hay, con lo que sucede sin esperarlo. En lugar de recurrir siempre a alguna persona y esperar que ella cubra tus necesidades, invéntate un refugio: podrían serlo un lugar privilegiado de tu experiencia o una actividad muy placentera que realizas sin estar pendiente de los resultados.

• No te compares con nadie, no todos ni todas tienen las mismas posibilidades ni las mismas oportunidades.

• Suspira. Cuando necesites lanzar fuera una escena molesta, una interferencia, una sombra, o quieras expandirte. En esos momentos en que una está viviendo el presente a tope bajo la caricia del sol, se cruza la sombra y la expulsa con un amplio suspiro. Es como estirarte antes de levantarte de la cama, un buen estiramiento te libera.

Piérdete por los desvíos, por las bifurcaciones del camino, invéntate itinerarios sobre la marcha. Son muy bonitas las citas con amigos, los encuentros a la luz de las velas, bajo el sol marino, entre los pinos, en una cafetería que conserva cierto aire vetusto, en torno al fuego o en un bar musical, tanto como los encuentros contigo misma en otros lugares motivadores, mientras sueñas, piensas, te haces propuestas más o menos lejanas, más o menos posibles.

Si no sueles hacerlo, ir al cine sola es una buena experiencia. Antes de que se apaguen las luces de la sala, captar el olor especial del ambiente y las palomitas, las voces que se superponen, el diálogo de los que están alrededor, el movimiento que distingues desde tu butaca, la compañía de tu propia persona disponiéndose a entrar en la dimensión imaginaria, a vivir otras vidas, sin testigos, sin trabas.

No es cuestión de que alguien te diga «qué guapa estás» aunque te lo creas y te gratifique. Lo importante es que tú misma te sientas guapa porque te sientes bien.

Ventana sobre mujer
(de *Mujeres*)
EDUARDO GALEANO

Esa mujer es una casa secreta.

En sus rincones, guarda voces y esconde fantasmas.

En las noches de invierno, humea.

Quien en ella entra, dice, nunca más sale.

Yo atravieso el hondo foso que la rodea. En esa casa seré habitado. En ella me espera el vino que me beberá. Muy suavemente golpeo a la puerta, y espero.

Intimario

Me transformo en personaje

Ordena la siguiente lista de personajes de los cuentos según el orden en que te identifiques con dichos personajes:

Cenicienta, la guapa y sumisa que busca un salvador.

Blancanieves, la pura e inocente.

La Madrastra de Blancanieves, la competitiva y sin escrúpulos.

Caperucita Roja, la que admite que el Lobo se la coma con tal de que la quieran.

La Bella Durmiente, la que espera el milagro sin hacer nada.

Heidi, la inocente y almibarada.

Alicia, la que sueña y se atreve a avanzar por lo desconocido.

La Bella: la que se enamora de monstruos como la Bestia y su meta es redimirlos.

Apunta las respuestas en el orden que prefieras y saca tus conclusiones para tu carta biográfica.

15
Percatarse de los detalles

Por mirar tanto el bosque, ignoras el árbol, que es el que te ofrece la sombra. El microcosmos en el que no reparas demasiado puede ser la clave de tu éxito o de tu fracaso. Los detalles son fundamentales en cualquier orden de la vida.

En tu atuendo. Los accesorios pueden salvar o estropear tu aspecto. Pueden ser la clave de un estilo propio o del mal gusto. Una boina de piel, un collar de plata, una piedra noble en un anillo, unos pendientes de porcelana, un reloj de colores, un collar de perlas, resaltan o apagan el conjunto. Generalmente, piden exclusividad si son llamativos: un broche de piedras o un pañuelo rojo sobre un conjunto negro, y nada más.

En las relaciones personales. Aprende a observar los gestos característicos de las otras personas, los que les permiten buscarse a sí mismas, afirmarse o reconocerse. Escudriña en las minucias de las historias que te cuentan, seguramente vislumbrarás una grieta por la que podrás colarte y ampliar tu propio espacio. Percibe qué mínimo detalle le agrada a tu amigo o a tu amiga y sorpréndelo.

En tu personalidad. Escúchate hablar. ¿Has reparado en tu voz alguna vez, en su tono, en su timbre? ¿Sabes si cuando dices algo tu voz expresa lo que quieres decir? ¿Resulta sensual cuando te sientes sensual? ¿Resulta firme cuando debes mostrar firmeza? ¿O lanzas algo decidida, pero tu voz resulta demasiado temblorosa y no convences a tu interlocutor? Si no lo has hecho nunca, analiza la relación entre lo que dices y cómo lo dices. Registra en qué momentos te escuchas (y te escuchan) con placer o simpatía. Trata de observar cómo lo hacen los actores.

En tu entorno. Un entorno exquisito puede llegar a parecerte degradado si tu ánimo decae. Créate un mundo privado para sentirte bien en ese entorno atendiendo a los detalles que te proporcionan bienestar, que te hagan sentir libre y entender quién eres.

En tus notas. Recupera el hábito de escribir en un diario tus más íntimos pensamientos, los pequeños gestos cotidianos que te dan placer.

Tortugas y cronopios

(de *Historias de cronopios y de famas*)
Julio Cortázar

Ahora, pasa que las tortugas son grandes admiradoras de la velocidad, como es natural.

Las esperanzas lo saben, y no se preocupan.

Los famas lo saben, y se burlan.

Los cronopios lo saben, y cada vez que encuentran

una tortuga, sacan la caja de tizas de colores y sobre la redonda pizarra de la tortuga dibujan una golondrina.

Intimario

Identificaciones

Detalles como los objetos y las partes del cuerpo pueden darte más información sobre ti.

¿Con qué objeto te identificas?

Con una aspiradora, un biombo, un espejo, una barra de labios, un antifaz, un videojuego, una pelota de béisbol, una guitarra eléctrica, una escoba, una silla, una lámpara, un teléfono, un lápiz...

¿Y con qué parte del cuerpo?

¿Eres un hombro en el que se apoyan tus amigos, dos orejas siempre dispuestas a escuchar, unos ojos que observan (o que escudriñan, espían y envidian, analizan y juzgan), la lengua que prueba, el vientre que procesa y a veces sobresale estético o no tanto, los pies que sostienen y avanzan? ¿O eres esa espalda que nunca ves, la que carga la mochila?

16
Vibrar con la pareja

La vida en pareja es una opción más, aunque es la relación humana que hace vibrar el alma, el cuerpo y la mente. El amor puede ser un pasaporte para vivir esperanzado, como los protagonistas de *Las azafatas van al cielo*, en la que ella y él se apoyan mutuamente y así superan sus propios conflictos, siempre que no se tome como una necesidad tan irrefrenable que te aferres al primer necesitado como tú que se cruza en tu camino y la naranja resulta que es media o un cuarto y el príncipe en vez de azul es incoloro o tiene manchas que tratas de ignorar por eso de «mejor pájaro en mano...».

La base es el amor. Amor es valorar los gestos de tu pareja hacia ti. El día que no lo hagas, mala señal.

Amor es tolerancia. No le pidas lo que no te puede dar. Mujeres y hombres son diferentes, las mujeres se expanden y los hombres se comprimen. Es decir, mientras tú tratas de razonar con él y se te aclaran las ideas durante el diálogo, es posible que él se repliegue porque necesita elaborar esas ideas antes de explayarse. Acéptalo como es.

El peligro de las formas. Cuando se atienden las formas, se descuida el alma. El peligro es que tu realidad emocional dependa de las formas en lugar de que las formas se sustenten sobre la realidad emocional. Te lo cuento en una pequeña escena teatral en cuatro actos y epílogo, el prólogo puedes escribirlo tú.

Acto 1

Decides casarte porque «ya toca». Lo festejas con una gran boda para que el mundo sepa que has conseguido la felicidad y te acepte encantado. ¿Quién no se siente encantado al ver el coche nupcial y se excita al tirar el arroz en un paroxismo arrobador?

Acto 2

De común acuerdo con tu pareja, te pones como meta la hipoteca de la casa a veinte años, forma en la que basas el amor a largo plazo. Luego, quieres cada vez más, tienes que seguir convenciendo al mundo de que eres muy feliz para que te sigan queriendo, y acumulas formas: el coche nuevo, los muebles de diseño y hasta la llegada del hijo con sus requerimientos. Para afrentar las cuotas, el trabajo te absorbe. Tu realidad emocional pasa a ser una subsidiaria de las formas... Te traicionas a ti misma.

Acto 3

Surge el estrés, el deseo de tener más tiempo, la falta de tiempo para compartir. El agobio y la ausencia conducen a la monotonía en la pareja y viene «aparejada» la infidelidad de una o el otro (incluida la virtual por Internet) que vuelve a poner en movimiento las vibraciones.

Acto 4

Encuentras en tu camino al que te hace estremecer y lo vives en secreto o deseas separarte porque tienes el espacio preparado para recibir a ese otro.

Epílogo

Nunca es tarde... Si el proceso hubiera estado sostenido por el amor y no por las formas, hubieras encontrado mecanismos para alimentar ese amor. Sé de una pareja que después de separarse se añoraron y encontraron esos mecanismos: se reunían en un hotel lejos de la casa y de los hijos y se otorgaban —y lo siguen haciendo— gustos, manías y sorpresas. Dicen que al principio se sentían algo ridículos, pero la satisfacción ha sido tal que acabaron abriendo una agencia para parejas en crisis.

No te adaptes ni te resignes. Complácete. Experimenta el tipo de pareja que te gratifique. Plantea tus necesidades, lucha por ellas. Mi amiga Margarita López Carrillo me decía: «Si hay una revolución social en marcha que arranca de la segunda mitad del siglo XX y continúa en este, esa es la que protagonizamos las mujeres. Sin embargo, leyendo los libros de Jane Austen, no puedo por menos que suspirar: ¡qué poco hemos cambiado las mujeres en ciento ochenta años! (que se dice pronto). El caso es que ella describió mujeres (acaso clones de sí misma) que habrían de venir en gran número mucho más tarde: yo misma, sin ir más lejos. Mujeres inteligentes, instruidas, capaces de reflexionar y tener ideas propias (y decirlas), capaces de cuestionar el status quo, el orden establecido, el sistema vigente, el mundo y su mundo, capaces de... mucho. Pero... pendientes del amor de un hombre. Y leyendo a Jane Austen, te das cuenta de que antes y ahora hay dos tipos de pareja, una en la que te refugias y otra en la que creces. Luego están todas las combinaciones posibles. Y puede ocurrir que muy a tu pesar, en la que te refugias sigues creciendo».

No abandones nunca tus propias cosas, las que te alimentan, las de tu arena personal. La tentación de dejarte absorber por el otro puede ser muy grande, pero ante los primeros síntomas, toma tus medidas y no te pierdas entre arenas movedizas. Haz como aquel poeta al que un emperador de la dinastía Tang le dijo: «Ayuda a mi amante a quitarse los zapatos». Y el poeta, desdeñando su vida, se dio vuelta y se fue. Tú tienes tu ideal, no cercenes su marcha.

¿Y qué con la sexualidad? La atracción sexual como parte del enamoramiento, lo físico y lo emocional en la misma pasión, es una de las experiencias más completas del ser humano. Desarrollar los deseos sexuales sin represión, expresarse con el cuerpo, la mente y el corazón a la vez es una forma insustituible de conocer al otro y conocerse una misma. Puedes escoger el mar, un ascensor, un parque o el coche para hacer el amor por placer, o porque no dispones de habitación y cama como dice la letra de *Qué difícil es hacer el amor en un Simca 1000*. Sea donde sea pásatelo bien, la monotonía surge de adentro hacia fuera y no de afuera hacia el interior de una misma.

Un torrente intenso. Elimina culpas entendiendo que todo vale en la intimidad sexual si ambos así lo decidís. Analizar tabúes sirve para poder diluirlos. Juega de forma consciente en lugar de actuar mecánicamente sin ocuparte de tu propio goce. Las fantasías son un estímulo para la sexualidad. Una amiga mía dice que superó sus inhibiciones gracias a lo que ella llama la práctica mental, en cuanto conocía a alguien que le atraía, se ponía a imaginar qué harían juntos y cómo. Es también un buen estímulo para innovar cuando surge la rutina. La aventura imaginaria es una reacción natural. No te pongas trabas ni te busques faltas; desarrolla tu propio ritmo y no te sientas presionada. Si te quedan dudas, recurre a un profesional para solventarlas.

(De *En Cejunta y Gamud*)
ANTONIO FERNÁNDEZ MOLINA

En Gamud, cuando se da una fiesta en honor de la hija de la casa, la madre se escapa con el invitado más viejo y repulsivo. Aunque es una costumbre admitida —y que nadie trata de impedir—, lo hace de una manera secreta o simulando cualquier pretexto.

La hija, en cuanto nota la falta de la madre, pregunta afectando un aire de inocencia:

—¿Dónde está mamá?

A esta pregunta, que repite varias veces, invariablemente le contestan:

—¿Tu mamá? Está haciendo el amor.

El que así habla recibe un beso de la joven y él le entrega una moneda.

Algunas muchachas consiguen besar de una manera turbadora y si son previsoras y hermosas llegan a reunir una fortuna.

Intimario

Ella y él

¿Qué estilo de relación prefieres? ¿Cuál estás viviendo? Los siguientes son casos absolutos e inconvenientes. ¿Te incluyes en alguno?

La *pareja romántica*: se alimenta de amor abstracto. «Contigo pan y cebolla» y ningún otro proyecto los entusiasma, uno es el proyecto del otro.

La *pareja simbiótica* es mutuamente dependiente, uno no puede prescindir del otro, son individualmente insatisfechos y se muestran como la pareja perfecta. Así aparecían Dalí y Gala; sin embargo, él había sido un niño que se sintió muy solo y necesitó alguien que se adhiriera a sus ideas y a sus reacciones, no un verdadero amor.

La *pareja paterno/materno-filial* uno se comporta como el maestro, el salvador, el padre bueno, el amo de la pareja, gobernando, celando o tratando al otro como a un niño o a un esclavo. El miembro infantil también se coloca en ese lugar y suele desear ser salvado, mostrándose exigente e indefenso.

La *pareja racional* domina sus emociones. La sensibilidad es considerada como una debilidad. La relación es lógica, ordenada y normatizada por acuerdos intelectuales entre ambos.

La *pareja amistosa* intercambia solo cuidados, afianza la seguridad económica y necesita evitar la soledad.

La *pareja despareja.* Cada uno hace su historia y comparten solo hábitos familiares, bienes económicos o un hijo.

La *pareja sexual* da excesiva importancia al sexo. Consideran que el goce sexual resuelve todos sus problemas y mitiga las angustias.

La *pareja desequilibrada,* uno es activo, inquieto, con proyectos y realizaciones personales, en tanto que el otro es pasivo y dependiente. La armonía solo es posible cuando uno se somete al otro.

17

Vencer los bloqueos

La puerta mejor cerrada es la que puede dejarse abierta. No te resignes a ser víctima del bloqueo. Busca respuestas creativas a las situaciones cotidianas. Piensa que tienes en tu interior una máquina de imágenes, de sonidos, de sueños... capaces de transformar ese muro que a veces te deja en blanco.

Cada persona es un mundo. Toda persona es naturalmente imaginativa y potencialmente creativa. La diferencia entre los que no son considerados creativos y los que lo son, es que estos últimos son capaces de expresar una respuesta nueva ante un problema, o numerosas ideas en un breve lapso de tiempo.

El ser creativo encuentra soluciones novedosas diferentes a las habituales, es curioso, lleva a cabo sus ideas, acepta la crítica, soporta las presiones, no se torna impaciente, puede trabajar donde sea y en más de una cosa a la vez. Eso sí, cada persona es un complejo entramado y debes encontrar tu propio sistema de desbloqueo, unos saben que necesitan moverse e ir a dar un paseo para generar ideas, otros recurren a la meditación y el estatismo, los hay que prefieren las primeras horas de la mañana o los que son más creativos por la noche.

En general, resulta provechoso darle vueltas a un problema antes de irse a dormir. Es posible que al despertar las ideas cundan. Estar abierto al exterior y no esforzarse por ser original.

El bloqueo absorbe la imaginación. Bloquearse es dar con un muro paralizante y fastidioso. No poder traspasarlo provoca impotencia y angustia. Lo opuesto es convertir tu espacio mental en una red de proyectos, encontrar numerosos intersticios, puertas y ventanas hacia lo inesperado.

Trata de identificar los elementos que te bloquean para poder enfrentarlos, salvo que quieras seguir «gozando» de esa prisión. Entre ellos, los más comunes:

Emplear la queja como acompañante fóbico.
Coleccionar pretextos por los cuales no actúas.
Soñar imposibles.

Entre los modos de aumentar tu capacidad creativa:

Poner en marcha la capacidad de asociación. Toda simple palabra e idea tiene numerosas conexiones a otras ideas o conceptos que en el estado de bloqueo no se sospechan.

Variar los hábitos establecidos. Inicia una práctica corporal (danza, gimnasia, deporte) que nunca hayas realizado, lee revistas y libros que normalmente no leerías, vístete de un modo impensable para ti, ensaya una nueva receta, programa una salida diferente.

Reparar en los opuestos. El mundo está lleno de opuestos. ¿Por qué no pruebas a enfocar las cosas hacia atrás, las de adentro hacia afuera, las de arriba hacia abajo; a colocar una afirmación en una oración negativa, a definir algo por lo que no es, a mirar un fracaso como un triunfo, o a hacer algo que los demás no hacen? Si deseas conseguir algo, imagina todo lo que podrías hacer para no conseguirlo. Así, desbloquearás tus defensas y tu creatividad fluirá.

Intimario

Cada cual atiende su juego

El juego relaja y permite el contacto con nuevas direcciones mentales.

La lluvia de ideas consiste en lanzar ideas de todo tipo en torno al punto que te bloquea, descartando los juicios críticos (las ideas «locas» o «fuera de foco» también son admitidas), y que puedes realizar a solas o en grupo, dependiendo del tema a desarrollar.

La analogía es un método ameno para generar ideas. La técnica consiste en comparar el problema con algo que tenga muy poco o nada en común con él y así producir nuevas ideas, como hicieron los surrealistas al hacer entrar en contacto un paraguas y una máquina de coser.

El diagrama. Para encontrar soluciones a un problema o para buscar nuevas ideas en torno a un tema, apunta la idea principal en el centro de un folio y la mayor cantidad posible de palabras e imágenes clave que asocies alrededor de ese centro, ya sean de conexión lógica o absurda.

De estas palabras e imágenes extrae nuevas conexiones en otro folio.

Agrupa en distintos apartados el material de ambos folios y sintetízalos en una frase o idea que pueda aportarte una posible solución.

La contingencia. Pedirles a varias personas que apunten un sustantivo con un adjetivo en sendas tarjetas. Coloca las tarjetas en una caja. Piensa en tu problema o tu tema y saca dos tarjetas al azar. Apunta lo que te sugieren y tal vez te sorprendan los resultados. O abre un diccionario y señala cinco palabras sin mirar y construye con ellas un diagrama de ideas.

18
Ejercer el derecho al atrevimiento

Hay que lanzarse a hacer algo para que la costumbre se transforme en vicio. Dice Zsa Zsa Gabor que cuando un hombre retrocede es porque se echa atrás y cuando una mujer retrocede, lo hace para coger carrerilla.

Puede ocurrir que no sepas cuál es tu auténtico deseo; que lo sepas y no te atrevas a dar el salto o que lo sepas y lo practiques aunque sea arriesgado o vaya en contra de lo que la gente considera correcto.

Si no lo sabes, investígalo, sin temor a toparte con una montaña imposible de escalar o con un sendero del que no conoces el final. Mira cómo Alicia se arriesgó en sus sueños y conoció el País de las Maravillas.

Si lo sabes y no te atreves a dar el salto, imagina qué pierdes y qué ganas con ese salto.

Si estás cumpliendo con tu profundo deseo y eres dichosa, asegúrate de que al hacerlo no dañas a nadie. Si es así, todo vale y cada cual construye su propio itinerario vital, sus encuentros, sus parcelas.

En suma, conoce tus deseos para responder a ellos. Recuerda lo que dice William Blake: «Quien desea y no actúa engendra la peste».

Conecta con la ficción. La ficción está en las novelas, en el cine, en el teatro, pero también en la vida real puedes inventar, imaginar, soñar y creértelo.

De muchas novelas, de muchas películas, sales exaltada, dispuesta a llevar adelante tus deseos. ¿Qué pasa después? ¿Lo haces o te retraes al día siguiente, engullida por la vida habitual?

Veamos. Hubo seguramente un libro que te hizo *clic*. O una película, que te dejó en un estado de éxtasis, muda, deseosa de conectar solo contigo misma. Y no porque te enamoraste del protagonista ni porque lloraste encarnando la historia narrada, sino porque te transmitió un aliento vital, te incitó a la acción, al cambio, te dejó convencida de que ser intrépida es posible y se puede luchar por una meta hasta alcanzarla. Ni más ni menos. ¿Por qué esa novela o esa película y no otra? Es tal vez el momento de desentrañar qué contienen y de retomar aquel impulso que tal vez no duró lo suficiente.

Haz una escapada a otro país. Un cambio geográfico es una experiencia completa. Al encontrarte en un espacio nuevo, es posible que te atrevas a ser como no sueles ser en el espacio habitual.

Sé tú misma. Es una expresión que cada cual interpreta de otro modo. Pero en el fondo siempre apunta hacia el atreverse a serlo. Si encuentras los mecanismos para el atrevimiento, la consecuencia es que serás tú misma sin proponértelo.

Para ello, aquí tienes un plan, dos caras de la misma moneda que te permitirán sentar bases:

Cara A

Identifica qué te hace dichosa.

Define tu proyecto y responsabilízate del mismo.

Curiosea lo desconocido.

Si alguien te dice un cumplido, dedícale tu mejor sonrisa, dile gracias y mantente callada unos segundos en lugar de añadir una respuesta como «no lo merezco» o algo similar.

Si te sobreviene un deseo de huir, pregúntate a qué le temes.

Sé consecuente con tus compromisos internos más que con los ajenos.

Concéntrate en lecturas que te provoquen ilusión.

Concéntrate en el momento que estás viviendo. Si no puedes, pregúntate: ¿Estoy en el lugar idóneo en el momento adecuado?

Cara B

No pospongas lo que te da placer.

No repitas las mismas acciones rutinarias.

No te distraigas pensando en lo que no has hecho todavía y en lo que deberías hacer en lugar de hacerlo, o intentarlo al menos, de atreverte.

No imagines que los que se están riendo se ríen de ti. Seguramente, cada uno está en lo suyo mientras tu fantasía se dispara y te montas tu película.

No te dejes envolver por la ira de nadie, pon una barrera de protección y piensa (o díselo) que él o ella se enfermará, tú no.

No dependas de lo que piensan o hacen los demás; ten muy claro qué piensas tú y actúa en consecuencia.

Estás a tiempo. Convéncete de que puedes transformar la realidad cotidiana, que el hastío o la linealidad no te rozan, que incluso activas a los demás, como si tú protagonizaras la novela o la película. ¿Cómo recuperar la fantasía de la infancia, los colores, y percibir que se te alegra el alma por nada, que provocas una sonrisa, una expresión de júbilo, un aplauso implícito con tus ocurrencias?

Atrévete a buscar lo diferente en el mundo de lo cotidiano y provoca a los que te escuchan. A vivir tu realidad sin inhibiciones. A enamorarte y dar rienda suelta a tus sentimientos sin tapujos, a que un hombre te abandone y no padezcas, a ser madre soltera si te ocurre. A luchar contra una injusticia sin que la lucha te desgaste. A mostrar lo que otros no muestran y a callar porque prefieres hacerlo.

Intimario

Un planeta, un rasgo, un signo zodiacal

Tal vez, prestando atención al universo, encuentres más explicaciones para tu carta biográfica. Cada signo está regido por un planeta. Saberlo te puede aportar datos.

El Sol es objeto de adoración, y ese es el tipo de reverencia que los nativos de *Leo* a los que rige, desean, esperan ser el centro de los acontecimientos.

La Luna rige la imaginación, los sueños y la memoria; nunca se va y tampoco cambia, solo aparenta hacerlo. Conocidas por sus cambios de ánimo, las personas de *Cáncer* son como la Luna: siguen siendo las mismas a pesar de sus altibajos; pero no abandonan a quienes quieren ni están tan lejos como parece.

Urano simboliza la fuerza de decisión, lo impredecible, los golpes de fortuna y de mala suerte y la eliminación de lo inútil. Los *Acuario* son la innovación y la excentricidad, la facultad de vislumbrar el futuro sin perder la conciencia del hoy.

Neptuno domina el mar y eleva las emociones como cimiento del espíritu superior y universal. Los *Piscis* son poco mundanos y aspiran a trascender los límites del conocimiento terrenal, tienen ideales espirituales, visiones de una conciencia más amplia, escuchan el mar porque el mar les dice cosas.

Mercurio está asociado con la inteligencia, la lógica y el sentido crítico. En los *Géminis* rige la información y la comunicación: el conocimiento, el estudio y la enseñanza; las relaciones comerciales, los idiomas y los viajes. En *Virgo*, la inteligencia práctica, la capacidad de concentración, la elocuencia clara, la capacidad de síntesis, el espíritu científico.

Venus es el planeta del amor y de las relaciones. Simboliza el deseo de unión, la necesidad de armonía, protección, placer, lo que se valora y se ama. Los *Tauro* son serenos y sensuales; aman la naturaleza y se preocupan por las personas que aman. Los *Libra* conceden importancia a la vida afectiva y a las relaciones sentimentales.

Marte es acción, impulso, ambición, voluntad, vitalidad, toma de decisiones, conquista de la independencia. Los *Aries* son potentes, frescos, aúnan energía sexual y creativa.

Júpiter es la fe en la vida, el optimismo, la extroversión, la bondad, la búsqueda del éxito, la riqueza. Los *Sagitario* son idealistas que viajan confiados por la vida y ven más allá de las cosas.

Saturno es la sabiduría, exige un comportamiento tranquilo, acciones prácticas y seriedad de intención. Los *Capricornio* son la prudencia, la constancia, el esfuerzo y la paciencia.

Plutón es el planeta más lento, el dios de los tesoros escondidos. Cuando un *Escorpio* comienza a buscar dentro de sí mismo, encuentra talentos y riquezas de cuya existencia no tenía idea. A veces se mete en honduras peligrosas, pero «resurge de las cenizas» cuando todo parece perdido.

19
Asumir las penas de amor

«Cuando una estrella cae, otra nace en su lugar», dice un proverbio beduino.

De pronto, la pareja se despareja, se resienten los cimientos de la relación, y tus sentimientos van de la incertidumbre al dolor. Se confirma la ruptura, que poco antes te parecía imposible, y te pasa como en esa canción de Kylie Minogue: «Chico, que tu amor es en todo lo que pienso, / que no puedo sacarte de mi cabeza. / Chico no se me ocurre pensar en otra cosa».

¿Amor u obsesión? Penas de amor. ¿Quién no las padeció alguna vez? Quizá en este mismo momento estés sufriendo por un amor que no pudo ser o por el que fue y se terminó. De ser así, anímate a llorar todo lo que sea necesario.

Por más que te creas una heroína, cuando la relación que suponías eterna se acaba te desmoronas. Frente a frente con tu pena, la pregunta inevitable es: ¿qué haces con ella? Intenta encontrarle un sentido.

No es suprimiendo su manifestación que la pena se alivia. Y eso de quedarse en casa haciendo calceta sucede en los folletines de Corín Tellado o en algunas canciones de Serrat. El pesar se hace tan intenso que parece exceder tu capacidad de tolerancia. Sin embargo, justo en el momento en que el dolor se agudiza es cuando se manifiesta una fortaleza que estaba agazapada en ti.

Recupera entonces inmediatamente la capacidad de pensar y decidir que el dolor te retaceaba y toma alguna de las siguientes decisiones (o todas).

Desplaza el conflicto. Mejor que deprimirte, investiga. Es posible que quisieras encender el fuego y en lugar de abrir la caja de cerillas, abriste la caja de Pandora de donde salieron rayos y culebras. Conclusión: trata de no confundirte la próxima vez.

En caso de que el detonante hayan sido los celos, entiende que los celos se vinculan al amor propio y no al amor, son el miedo que tienes de que otra persona le dé al ser amado lo que tú no le puedes dar. Enfoca el conflicto desde otros ángulos, piensa por ejemplo si es tu parte de niña, la indecisa, la que se aferra al novio-padre, la que lo reclama. Imagina cómo sería tu vida con él dentro de cinco años y tal vez te alegres ahora.

Vuelve tus ojos hacia ti. Dedícate a hacer lo que habías postergado y recuerda que es preferible el dolor a que no te quieran mientras la relación continúa por inercia.

Desvía tu pensamiento cada vez que te des cuenta de que estás pensando en él. Descarga energías, vete a pasear, a correr, a nadar.

Distánciate, aunque solo sea por unos días, con esa amiga que hace tiempo que no ves, o con alguien que pueda escucharte. Cuéntale lo que te pasa. Podrás distraerte, mirar la situación desde otra perspectiva o encontrar a otro que te alegre la vida.

Si te llama, dile que necesitas unos días. No recurras a la tristeza ni al enfado.

Lo más importante: Que una historia no fragüe no significa que las próximas no puedan resultar satisfactorias.

Intimario

Preparar filtros de amor

¿Te mueres por tener cerca a uno que acabas de conocer? Prepara estos hechizos y tal vez...

Para atraerlo. Beberá estos preparados y lo tendrás «a tu disposición».
1. El del oro de albaricoque es un secreto chino. Licúa los albaricoques sin hueso, añádele una porción de jalea real por cada diez porciones de fruta.
2. Hierve en un cazo una taza de chocolate, un poco de canela, cinco clavos, vainilla, una pizca de nuez moscada, unas gotas de ron y azúcar opcional. Hiérvelo a fuego rápido y una vez que esté tápalo con una prenda íntima, rodea el preparado con nueve velas rojas en círculo y espera hasta que se consuman. Listo para beber.

Para conseguir su amor. Como la protagonista de *Marta y alrededores* escribe tu mensaje secreto conteniendo tu deseo y colócalo en el corazón de una manzana roja, la envuelves y la guardas en el congelador hasta que el deseo se cumpla.

Para reforzar lazos cuando ya lo has conseguido. Machaca en un mortero dos dientes de ajo y dos cucharadas de miel silvestre hasta que se conviertan en una pasta uniforme. Guárdala en un recipiente pequeño, déjala una noche de luna creciente a la intemperie y envuélvelo en un pañuelo rojo.

O en noche de luna llena invita a tu pareja a una velada romántica. Una hora antes de servir la mesa, pasa la pasta por toda la superficie de dos círculos de cartulina de quince centímetros de diámetro y colócalos debajo de vuestros platos, uno debajo del tuyo y otro del suyo. Acabada la cena, retira los círculos de cartulina, envuélvelos en el pañuelo y guárdalo bajo llave mientras tengas el pañuelo, autoconvéncete de que vuestro amor será indestructible.

20
Viajar con pocas maletas

De pronto, se te quedan pequeños todos los sitios, el barrio, la ciudad, hasta el país. Planificas la partida. Depositas tus expectativas en el sitio escogido. ¿Hotel de lujo o albergue? ¿Sola o acompañada? ¿Huyes o vas a la deriva dispuesta a ser una esponja que absorberá y procesará lo que el trayecto te depare?

Ir libre de equipaje en sentido literal y en sentido figurado. Viajar no es sinónimo de huir sino una forma de romper barreras conocidas, un encuentro con lo diferente que te enriquece. La curiosidad y el riesgo son los ingredientes vitales. Echar mano del filtro de lo conocido es eludir el riesgo. Hoy en día, «el que se va de casa es porque ya ha vuelto», me dice pensativa mi amiga Carmen hablando de la sociedad de consumo (se refiere a los que se van para reafirmar lo que piensan y no para mamar nuevas alternativas), «muchas chicas eligen un lugar alternativo, un cámping, un macroconcierto, hacen un curso en el extranjero o van a un país lejano, pero buscan gente que se les parece (con un móvil, un coche, un pantalón de moda, el pelo del color que haga falta...)». Si a ti te pasa, reflexiona sobre la manipulación a que somete la sociedad de consumo y trata de ampliar tus horizontes. En lugar de inventar lo que tú quieres durante el camino, para tranquilizar tu conciencia, investiga lo que tú eres. El cambio geográfico te ofrece una buena oportunidad para desprenderte de los lastres.

Pon en movimiento tus vísceras. Compara lo que tus sentidos captan en las distintas ciudades que visitas y apúntalo para revivirlo más adelante; mira lo estático y lo que está en movimiento, oye hablar a los habitantes aunque no entiendas lo que digan y deduce sus estados emotivos o su idiosincrasia, huele el olor de las panaderías, de los mercados, de las calles y los parques; intenta conectar con un mundo diferente al tuyo habitual. El contacto con la gente, una conversación con un lugareño, un itinerario que varías sobre la marcha dependiendo de lo que tu instinto te indique.

La despedida. ¿De quién o quiénes te apena despedirte?

La partida y el regreso. Supongamos que viajas sola. Acaba de despegar tu avión o de partir tu tren, tu autobús, tu barco, ¿qué pensamientos te asaltan? Es distinto si vas en coche. Por algo se elige un medio u otro. En el coche, se tiene la sensación de control del avance y las detenciones, de poder y de soledad; en otros medios de transporte, prevalece la sensación de entrega al dejarse llevar entre muchos otros esporádicos compañeros. ¿Y a la vuelta? ¿A quién deseas encontrar primero? ¿A quién llamas?

El rumbo. Podría existir una meta que te guíe, te resultará más estimulante que salir como típica y tópica turista. Vas a Italia porque un italiano te puso a mil o al pueblo de algún antepasado familiar para ampliar tu árbol genealógico o sigues un itinerario artístico, gastronómico, de coleccionista, o vas tras algún elemento de la naturaleza. Aunque la deliciosa pereza también podría ser un plan.

¿Y qué me dices de tus viajes mentales?

Intimario

La ruta

La vida es un viaje con mayores o menores imprevistos.

Date el gusto de crear ese itinerario desde tu nacimiento hasta los días finales de tu vida. Recuerda hechos reales o inventa experiencias que después de leerlas muchas veces te creerás.

En el camino principal, coloca los datos más placenteros. Los más dolorosos, alejados de la ruta, bajo un techo, para que queden algo ocultos y no te dañen.

Tener una amiga
o un amigo del alma

Un amigo no es una muleta ni una maleta. No hay nada más libre, más espontáneo y más confiable que la amistad. Cuando decimos: «Es mi amiga», nos sentimos muy a gusto; y si agregamos: «Con mi amiga no te metas» entramos de lleno en una «declaración de principios» marcando un territorio que nos pertenece y dispuestos a presentar batalla a la menor ofensa. Espada en alto, la amistad es un tesoro que protegemos y no cotiza en bolsa. Da dividendos día a día si tienes el corazón abierto.

En esta etapa de tu vida, se consolida la amistad. Mitos y tabúes, amores y pasiones tejen y destejen la red de la amistad por la cual transitas. Una amiga o varias, esporádicas o continuas. Un amigo o varios, esporádicos o continuos. Dime con quién andas y te diré quién eres.

Tener muchos conocidos no es tener muchos amigos. Los amigos no pueden ser numerosos porque la capacidad de entrega insume tanta energía que no se puede distribuir entre tantas personas. Es posible que aquel a quien consideras amigo no lo sea y después de un tiempo comprendas que te habías confundido. La confusión en el campo de los afectos es normal. Así, te desencantas con facilidad porque ves el mundo color de rosa o esperas más de lo que pueden darte, porque tiendes a idealizar al que circunstancialmente te ayuda creyendo que ya es un amigo para toda la vida. Te desanimas y juras que tienes mala suerte cuando en realidad pones el listón demasiado alto, tanto que nunca lo alcanzas y vas de decepción en decepción. La amistad es un proceso. Tal vez le otorgaste atributos que eran parte de tus deseos o creíste identificarte con alguien que no comparte tus vivencias. O tal vez tu amiga de la infancia ha hecho un proceso diferente al tuyo y conserváis el afecto, pero pocas cosas más, podría equipararse a una buena relación de parentesco.

La amistad entre mujeres tiene muchas facetas entre las que destaca la capacidad de comprensión. Las mujeres rivalizan, las amigas, no, porque se complementan, se estimulan mutuamente. Compartes y te expresas sin la intención de convencer a la interlocutora.

Confidente y colega. Tu amigo es compañero en las buenas y en las malas, su interés es simplemente estar contigo. Los amigos se convierten con el tiempo en parte de una misma, los momentos vividos en común son parte de las experiencias que van forjando la propia historia. Influyen en nuestra forma de apreciar la vida y comprender a los demás.

La amistad es el compromiso de cumplir promesas. Un amigo siempre busca lo mejor para el otro. Trabajar juntos, luchar por una meta, ayudarse física o emocionalmente. Además, resulta más rica la relación cuando se comparte algún proyecto.

Ten en cuenta la opción de tu amiga aunque a ti te parezca que lo que le ofreces es lo mejor del mundo.

Intimario

El espejo o...

Una amiga puede ser un espejo (las adolescentes se visten igual, las jóvenes tienen una ideología compartida, etc.); pero también un termómetro (calibra tu temperatura interna, detecta síntomas que tú misma no reconocías); una oreja (como el psicoanalista o el cura); un lazo (al que una de las dos se agarra); un semáforo (que te advierte del peligro).

¿Qué representan tus amigos? Averígualo y te sorprenderás.

En segundo lugar, es posible que puedas averiguar datos de tu propia persona tomando como referencia los rasgos sobresalientes de tus amigas. Lo que de ellas admiras, tal vez lo deseas para ti. Lo que de ellas rechazas es posiblemente lo que rechazas en ti.

Confecciona una lista de tus ex amigas, apunta sus defectos y analízalos.

¿Qué conclusiones sacas?

22

Conectar con las emociones

Ante todo, no te olvides del abrazo. Abraza y entrégate durante ese lapso cálido en el que el entorno se evapora. Unas emociones curan, otras enferman. El abrazo es, como la palabra, el canto, el grito, el suspiro o el llanto, un reactivador del organismo. Te quiero con todo el cuerpo, te odio con toda mi alma. Múltiples son los estímulos de las emociones: el deporte de riesgo, una lectura, un paisaje especial, el cine. Eliges la película que te conmueva, que tense tu corazón, te desconecte de lo que te rodea, que te desliza por un túnel en el que te agitas durante el tiempo que dura la proyección. ¿Y después? ¿Cómo conquistas las emociones en la realidad? ¿Ante qué cosa te sientes turbada, ante qué vibras y durante cuánto tiempo? Aunque te asalte un estado anímico de signo negativo, por el solo hecho de hacerte sentir viva, emoción es sinónimo de felicidad.

Funcionan como sensibles antenas. Explora toda la gama de emociones en los momentos en que te invadan. Cuando algo te perturbe o te hechice, rescata los matices, el origen, la intensidad, compara con lo que dicen sentir otras personas.

Temor, sorpresa, tristeza, disgusto, ira, esperanza,

alegría, aceptación, y sus combinaciones, pueden ser un torbellino pasajero o un estado anímico permanente. La esperanza y la alegría combinadas se convierten en optimismo; la alegría y la aceptación hacen sentir cariño; el desengaño es una mezcla de sorpresa y tristeza. La ira es menos intensa que la furia, y el enfado, menos que la ira. En un extremo se encuentran las personas que experimentan intensas emociones y en el otro, los que parecen carecer de ellas.

Un sabor o un olor te permite conectar con las emociones. Por algo se dice «tener olfato» en referencia al olfato interno. Saber «de qué lado sopla el viento» es fundamental para tener éxito, la expresión proviene del olfato de una mujer entrenada en su infancia para percibir de dónde soplaba el viento en la montaña, preverlo y evitar así el descarrilamiento de los trenes.

Si callas, si lo reprimes, se nota. Cada tanto te tragas las palabras. Seguramente, tu mente va a más velocidad que tus labios, dudas, te contradices interiormente, te arrepientes de lo que estás diciendo. En suma, sueles hablar de forma impulsiva. Es uno de los síntomas indicadores de que las emociones te juegan una mala pasada. Hay otros:

Tienes las manos y los pies helados. Aunque se dice «manos frías, corazón caliente», los dedos se entumecen porque los nervios te paralizan, en el fondo crees que no te mereces lo que ansías y no te das permiso.

Tienes cistitis. Indica ira acumulada que no se ha expresado, resentimiento contra alguien (a menudo, vinculado a ti sexualmente) a quien deberías enfrentar.

Tienes un nudo en el estómago. Eres una esponja,

absorbes lo que te daña en lugar de construir un imaginario muro de cristal que te proteja de las inclemencias del mundo y de los inclementes, que no son pocos.

Te duele a menudo la cabeza. Una causa posible es la necesidad de afecto.

No te aísles. Recurre a tus amigos, no los agobies con tus quejas, pide sin rodeos lo que necesites y practica algún deporte como el tenis.

¿Te sirve aquello de pensar con el corazón y emocionarte con la razón?

Acepta el aprecio que te demuestran los otros. Si no te lo demuestran pídelo, y si no te atreves a pedirlo, provócales de alguna manera.

No mentir a las emociones, pero reconocer conductas erróneas. No es lo ideal que te rías de la boca hacia fuera, que simules la risa mientras por dentro te domina el sentimiento contrario. Cuando te ríes, ríete desde tus entrañas, que la risa te ocupe todo el cuerpo. Pero monta un plan de ataque contra tus frustraciones consistente en reconocer tus actitudes negativas, convencerte de que no vas a equivocarte, respirar hondo y proponerte reacciones diferentes.

Intimario

Me lo dice la intuición

Al combinarse las potencialidades de los dos hemisferios cerebrales: el izquierdo, que se ocupa de las funciones relacionadas con la lógica; y el derecho, con la intuición, se percibe si la persona que acabamos de conocer miente, si un proyecto es viable. Intuición y sensibilidad van juntas. El ser creativo es intuitivo. Si a todas las siguientes preguntas respondes «sí», tu poder intuitivo es alto.

¿A veces tienes la impresión de que ya has estado en un lugar en el que nunca has estado?

¿A menudo tarareas una canción momentos antes de que la pasen en la radio?

¿Sueles adivinar lo que las otras personas se imaginan de ti?

¿Te asaltan presentimientos que se convierten en realidad?

¿Cuando alguien sufre se te llenan los ojos de lágrimas?

¿Tienes sentido del humor?

¿Aciertas casi siempre cuando juzgas a las personas?

¿La presencia de algunas personas te hace sentir molesta sin razones aparentes?

¿Sueles arriesgarte?

¿Ante el primer contacto con alguien sientes una corriente de confianza o de desconfianza que confirmas con los hechos?

¿La música, la luz y el color te provocan estados anímicos especiales?

¿Tienes sueños premonitorios o que te ofrecen pistas eficaces?

¿Confías en tus propios criterios?

23

No escindir trabajo e intimidad

¿Te encanta lo que haces y deseas llegar más alto? Pero también te encanta tu novio, tu perro o tu bebé. Y además, cocinar, ir al cine, tomar café con tus amigos, ir a clase de danza, quedarte esperando el amanecer en la terraza de tu piso a la que no te asomas más que para pasar la fregona o regar las azaleas. Y tal vez, por si fuera poco, te gustas tú.

Sin embargo, sufres porque tienes poco tiempo para tu novio, para tu perro, para tu bebé y tienes poco espacio mental para ti misma. Por una parte es normal, tu incorporación a la vida profesional, a la par de los hombres, implica una vivencia menos distendida de tu intimidad. Estás en un período vital de máximo apogeo. Lo que no hagas ahora, te hará perder el tren del futuro, te dices. Tratas de compatibilizar todas las áreas de tu vida: laboral, vincular y familiar y crees que es allí donde se encuentra el secreto de la felicidad.

¿Pero sabes realmente dónde estás parada? ¿En el Paraíso o en una bomba de tiempo?

Una puesta a punto de tu presente. Te impones tus metas con ardor y persistencia, no temes el precio que tu profesión pueda exigirte en tu vida personal, y acabas exhausta. Dos plagas que debes combatir son la prisa y la indecisión.

Es el momento de detenerte y reflexionar. De tanto en tanto, tómate un día libre (no porque te visita la regla, sino para asegurarte de que eliges en libertad y no impulsada por lo que se debe o lo que conviene). Mírate desde la distancia, como si fueras otra, ve a dar un paseo por donde más te apetezca, camina y piensa, camina y elabora mentalmente tu lugar en el mundo. Llévate una libreta y, cuando decidas sentarte a tomar un café, apunta lo que has visto, tu imagen, la imagen que crees que das, la que te gustaría dar y tus más profundas apetencias. Pregúntate si no estarás utilizando el trabajo como una pantalla que te impide ver otras cosas, si dispones verdaderamente del tiempo o se lo escatimas a otros placeres tanto o más importantes. Analiza si coinciden tus deseos verdaderos con la vida que llevas a diario.

Las posibles conclusiones

1. Estás convencida de que tu deseo es triunfar. Reconoces que te tildan de ambiciosa o de egoísta. Aunque pienses que la opinión de los demás no te afecta y que querer progresar es una sana ambición, que no tiene nada que ver con el egoísmo, revisa las metas para conseguirlo y afírmalas:

> No te dejes agobiar por la presión que ejercen sobre ti los que te rodean.
> No tengas temor de perder el puesto, de cometer errores o de caer mal.

Acepta a tus compañeros, a tu jefe o a tus subordinados como son, cambia tu actitud antes de querer cambiar a los demás.

No te sobrestimes ni te subestimes.

Activa la discreción.

Presta atención, acepta las críticas constructivas y úsalas para mejorar.

No temas hablar cuando creas que necesitas decir algo.

Finalmente, no olvides los riesgos de dedicar horas y más horas de esfuerzo.

2. Hay otros placeres que te resultan más atractivos y que hasta ahora habías relegado a un segundo plano porque tu deber es no desaprovechar la energía que los veinticinco, veintiocho, treinta, treinta y cinco años te ofrecen, la capacidad mental al máximo, el cuerpo resistente a las presiones. Subir, subir, subir, hasta alcanzar el rellano que a los cuarenta te dejará destacar en el mundo desde tu altura. Pero la reflexión te permite ver (a tiempo, por suerte) que no es lo que más quieres y que la misma energía te será muy útil para llevar a cabo tu verdadero plan, el más descabellado (la que no se arriesga no pierde, pero tampoco gana), o uno muy sencillo que te evitará competir y «ascender», pero «ascenderá» tu alegría.

En ningún caso, debes escindir trabajo e intimidad. Tú eres siempre una persona que sufre, que ama, que piensa, que crea, en todo momento.

Tu trabajo te agobia. Si directamente reconoces que tu felicidad laboral es nula, pero crees que no te queda otra opción que pasarte las horas a disgusto y relegar tu mundo privado, no escondas la cabeza, distánciate emocionalmente del conflicto y trata de negociar con los implicados y contigo misma.

Especialízate mientras tanto en algo que te guste y te permita lanzarte como autónoma, o busca un trabajo en relación de dependencia si el malestar proviene de tu tarea independiente. Resta horas a la tarea aunque restes dinero, la compensación puede ser emocional. El trabajo *free-lance*, el teletrabajo vía Internet y los horarios a tiempo parcial son algunas opciones.

Si te disgusta ese trabajo... entonces, es hora de pensar y gestar el cambio. ¿No te atreves? Sin embargo, ¿qué pasaría si a pesar de tu sacrificio, un día se reestructura la empresa y quedas fuera?

A se pregunta: «Si me hipoteco, ¿podré pagar siempre? Las leyes del trabajador, ayudas y paro son cada vez más duras. Prefiero no pensar en el tema». No pensar en el tema es otra opción, tampoco sufras, deja que las circunstancias te lleven.

Si tienes claro que tu pasión es tu trabajo, dedícale la máxima concentración. Para Patricia Highsmith, escribir era la pasión de su vida, empezó a los dieciséis años y continuó hasta su muerte: gérmenes de ideas, borradores, reflexiones, observaciones para sus libros, ocho mil folios de diarios. Su vida sentimental no debía interferir ni condicionarla; decía: «el mundo podría estar acabándose a mi alrededor, pero el trabajo perdura intacto, sin que nadie pueda manipularlo».

Datos para trabajar relajada. En la India se ha creado el club de la risa, en el que un grupo de personas se reúne en un parque antes de entrar a trabajar, realizan algunos ejercicios al aire libre y acaban jugando con las vocales y riéndose a carcajadas.

La revista británica *Top Sante* publica un sondeo según el cual un 61 por ciento de las mujeres que trabajan consideran que flirtear en el lugar de trabajo es bueno para su estado de ánimo y casi todas afirman que si un colega les hace avances «se sienten halagadas».

La buena vida. Paradójicamente, a muchas se les resuelve la vida cuando se quedan en el paro al tener que inventar salidas creativas más adecuadas a sus necesidades. Otras, directamente, se plantean tareas alternativas con tiempo libre, acortan su horario laboral a la mitad del año y la otra mitad la destinan a sus más íntimos sueños. Y no por eso viven peor ni temen al futuro. O reemplazan buenos trabajos estables por su aventura, sus compañeros piensan que están locas, pero acaban reconociendo que respetan su natural inclinación y más de uno tiene intenciones de imitarla.

Intimario

La situación laboral

De la manera más espontánea posible, haz un croquis de ti misma en tu ambiente de trabajo (recordándolo desde otro lugar), de la siguiente manera:

Coloca tu silueta en una posición de desequilibrio.

A continuación, intenta recordar la mayor cantidad posible de objetos situados en ese ambiente.

Por último, incorpora la silueta de todas las personas que acudan a tu memoria en sus lugares corres-pondientes, si los tienen.

Interpreta el croquis teniendo en cuenta:

En qué posición te colocaste con respecto al cua-dro total y a cada figura o elemento en particular. Qué significado le otorgas.

Qué elementos recordaste y cuáles olvidaste (pue-des corroborarlo al día siguiente en tu sitio de trabajo).

Qué tamaño y forma tiene cada persona incluida, a cuál le has dado mayor importancia, por qué crees que lo has hecho, etc.

24
Ser madre y parecerlo

«¿Seré una madre que le ate los cordones de los zapatos a su hijo de veinte años porque no he tenido diez minutos para estar con él hasta ese momento?», se pregunta X mientras le da vueltas a la idea de tener un hijo (cuándo y cómo) frente a las prisas que su ritmo de vida le impone.

Ser madre es maravilloso. Es redescubrir el mundo, recuperar la capacidad de asombro, asombrarte a dúo, sentir que tu capacidad de amor se expande y descubrirte aptitudes que hasta entonces desconocías. Es también no tener tiempo para nada y ver cómo tu hijo crece, que el tiempo pasa y aquello que antes te hubiera llevado una eternidad, ahora que eres madre, lo haces sin darte cuenta.

Opciones. Es posible decidir no casarse, porque la persona adecuada no aparece o porque se prefiere apostar al desarrollo laboral y no tener hijos o tener un hijo «por cuenta propia». O formar pareja, decidir tener hijos y después de parir contar con la ayuda de otros para cuidar el bebé; si son los abuelos, acepta la manera en que ellos lo hagan. O tener hijos, renunciar al trabajo y a toda actividad que excluya al hijo, al menos en sus tres primeros años. O tener hijos y tratar de equilibrar actividades personales y atención al bebé, en la misma proporción que lo hace tu pareja.

La prueba de embarazo resulta positiva. El embarazo puede ser el trampolín para conocer mejor tu cuerpo y tu alma. Y la gimnasia puede ser el camino para vivir más plenamente esta etapa. Durante el parto, tu cuerpo es el protagonista principal. Es por ello que conocerlo es fundamental para llegar mejor preparada a ese momento que esperaste ansiosa, la gimnasia pre-parto se propone ese objetivo.

La maternidad es una aventura. Cada día es diferente y siempre se aprende y se vivencia algo nuevo. Es aprender a hacer todo con una sola mano, comer papillas, dormir al filo de la navaja desde los primeros meses hasta la adolescencia esperando su vuelta a casa, despertarse sobresaltada el domingo creyendo que hay que llevar a los niños a la escuela, practicar la raíz cuadrada, ser la reina de los puzzles, conocer de memoria a Pokemon y los Teletubbies, recoger migajas de galletas a toda hora, tener como lectura de cabecera *Los tres cerditos,* cambiar el pañal mientras se controla el arroz y se atiende el teléfono al mismo tiempo. Es asombrarse con su primera sonrisa, su primera palabra, abrir los ojos a la mañana exaltada porque el pequeño ser comparte la vida de una y aspirar gozosa su aroma.

Mamá, presente. No creas que ser madre es leer todo lo referente al aprendizaje y la conducta infantil ni filmar todos sus pasos con la cámara de vídeo. Es reunirte con ellos en alguna de las comidas, hablar cada día, que ellos te cuenten y tú les cuentes, en la casa, en el coche, en el metro. Es participar de sus actividades desde que nacen, estimular sus habilidades, compartir y comentar sus programas favoritos como canal para enseñarles valores, actitudes, o darles respuestas a sus posibles interrogantes.

Ponles límites, de mayores te lo agradecerán, pero liga lo que dices con lo que haces. Si les pides que recojan sus juguetes, tú también recoge tus libros, tus vídeos, tus discos compactos, tu ropa; no le pidas que no grite si tú gritas; es más, no hagas como D. que gritando les decía «¡hablad en voz baja!».

Acuérdate de cuando tenías su edad y ponte en su lugar. Demuéstrales tu amor con abrazos y con pequeños detalles.

Aun así, trata de preservar un espacio para ti.

Intimario

Los muñecos tienen alma

Con los más pequeños, suele dar mejores resultados utilizar algunos de sus muñecos o a los personajes de los dibujos animados o de los cuentos para hablarles de lo que consideres importante.

Escoge un muñeco por cada miembro de la familia que esté en contacto con el niño a menudo y por cada persona significativa para él como la maestra, algunos amiguitos, etc.

En un momento de calma, inventa una situación ficticia e incorpora en ella a los muñecos-personas y aprovecha para averiguar sus vivencias con respecto a la gente o para hablar de algún tema puntual.

25
Capitalizar el ocio

Existe un tiempo para ir a pescar y otro para recoger las redes, dice un proverbio chino.

Estar solo y tener tiempo libre es ideal si lo sabes capitalizar. No podrás hacerlo si eres de las que no saben qué hacer, todo les parece poco entretenido o se sienten culpables por hacer algo improductivo. Sin embargo, el ocio no es solo un tiempo de diversión, también puede ser un tiempo de creatividad.

Hay quienes no se implican en trabajos de más de dos meses con tal de disfrutar de su tiempo de ocio. Diseñan así su vida en un perfecto equilibrio entre la vida obligatoria y la libertad de hacer lo que el íntimo deseo exige.

El aburrimiento te borra del mundo. Aburrirse es peligroso. ¿Pierdes la noción de tu yo cuando no tienes que cumplir con las obligaciones? No sabes qué quieres de tu vida, te la pasas del espejo al diván (y no precisamente el del psicoanalista), haces *zapping* y acabas tirando el mando de la tele a la papelera. Prueba una actividad de tiempo libre y cambia tantas veces como lo desees hasta dar con la que te provoque oleadas de gozo. El ocio puede estar vinculado a un curso de buceo, de cocina japonesa, de periodismo deportivo, de catador de vinos o de lo que más te apetezca, a un taller en el que se lleva a cabo una práctica creativa de la actividad que prefieras. Los hay también nocturnos en numerosas ciudades. De percusión, de *graffiti*, de teatro, de radio, de guitarra, de velas perfumadas, de mimbre, de flamenco, de rueda cubana, de fotografía, de cine, de juegos de rol, literarios, de cuero, de malabares y máscaras, de abalorios, de tatuajes, de cuentacuentos, entre muchos otros.

¿Lo habías pensado? Juega a que eres otra; a encontrarte con otras; con niños; con perros y gatos; a hacerte la interesante; a probar cosas nuevas, juegos de palabras; con el cuerpo; en el agua...

Aprende algo diferente a lo habitual. Un curso de magia (te permitirá conocer el valor de los símbolos); un curso de arte dramático (para practicar los efectos de ser otra persona); escucha un disco de efectos especiales (y observa las reacciones que provoca en tu espíritu); ve a un mercado de antigüedades o a un rastro (encontrarás objetos impensados); lee biografías de personajes históricos (para comprender cómo llegaron a ganar una guerra o a desarrollar una nueva concepción de una idea).

Una novela, una película, una foto. Vivir es ejecutar la música sin conocer la partitura, lo cual tiene ventajas porque resulta aburrido ver la película si se conoce el final, pero también inconvenientes, porque la mayoría puede entender su vida y efectuar ajustes una vez acumulada cierta experiencia. En este sentido, la literatura o el cine cumplen esta última función al mostrar la vida de una persona, y tal vez gracias a una novela o una película descubras algo que te atañe y ganes en sabiduría.

Las fotografías te permiten reconocer y evocar lo que fuiste, pero también comprender lo que en el momento de la foto te resultaba confuso o no tuvo el sentido que ahora puedes otorgarle.

Ejercita el pensamiento. «Para llevarnos a tierras lejanas, no hay mejor fragata que un libro», dice Emily Dickinson. Te sugiero un «ocioso» recorrido por las librerías y detenerte en las mesas, leer contraportadas, solapas, las primeras páginas del libro para sentir si te produce esa burbujeante sensación de «quiero saber más» o «me siento implicado en lo que dice, me está hablando de mí», así sea un cuento, una novela o un ensayo. Suele ocurrir con los clásicos, que precisamente por eso lo son.

Intimario

Ver del otro lado de una misma

Utiliza de forma imaginaria los siguientes instrumentos: el microscopio, la lupa, el telescopio, los binoculares, las gafas de sol, la brújula, el termómetro, el barómetro. Con ellos, enfócate a ti misma y a los demás. A la vez, puedes tratar de descifrar si alguna persona de tu entorno ejerce para ti la función de uno de estos instrumentos. ¿Acaso tu madre o tu novio son tu brújula? ¿O tú lo eres para alguien? Entonces, es el momento de preguntarte si esta función es nefasta o es buena para ti.

Puedes utilizar estos instrumentos para cada uno de los veinticinco aspectos que trata este libro y encontrarás datos en los que antes no habías pensado.

La encuesta

La siguiente encuesta ha sido realizada en distintos lugares geográficos a unas cuatrocientas jóvenes de veinte a treinta y cinco años, de distinto nivel cultural y socioeconómico. Las respuestas han mostrado notables coincidencias y se han sintetizado: se destaca la preocupación por el trabajo, la falta de tiempo y la confianza en un amigo. Dicen atreverse a todo aunque les cueste y citen a menudo el miedo a estar sola.

¿Cuáles son los temas que te inquietan?
¿Qué te haría feliz?
¿A qué le temes?
¿A qué no te atreves?
¿Qué no quieres?
¿Qué es un amigo?
Nombra algo misterioso

Cuáles son los temas que te inquietan

Los conflictos internacionales: guerras («Nos afecta a todos y al futuro del planeta»), hambre, terremotos, inundaciones, violencia, injusticia, la falta de piedad y de solidaridad, y el egoísmo. La falta de valores, la competitividad, la inseguridad. Los prejuicios de color, sexo, política, etc., («Quiero ser lo más tolerante posible»/ «Inmigración, sí, pero culturalmente deberíamos compenetrarnos mejor»).

El rol de la mujer en la sociedad. Que el mundo esté gobernado por hombres. La sociedad de consumo («¿A quién voto? Las fuerzas de orden público, leyes y justicia no me merecen ninguna confianza»).

Los conflictos particulares: La dificultad de encontrar tu espacio y tiempo en un entorno donde los medios de comunicación mandan mensajes muy concretos.

El trabajo («No cobro lo que debería. / Hay demasiado trabajo y demasiado estrés. / Conseguir un trabajo que cumpla mis expectativas. / Una está veinticinco años invirtiendo dinero y tiempo en su formación para que la sociedad no la necesite»).

El futuro, y el de mis hijos, y el pensar que algún día puedo perder todo lo que tengo («¿Dónde estaré dentro de unos años? ¿Seguiré ejerciendo de lo mismo? / Si tengo hijos, ¿cómo los educaré? / Si me hipoteco, ¿podré pagar siempre?»).

La seguridad en mí misma. La confianza y la vitalidad de mi pareja («Me preocupa porque tengo poco tiempo para ella y la comunicación es difícil»). No poder disfrutar de mis amigos.

Qué te haría feliz

Paz, armonía, alegría. Un amor verdadero. Vivir de mi profesión. Tener hijos y tiempo para ellos. Un lugar propio físico y no físico. Estabilidad en la vida.

Ser feliz con lo que tengo: parece que siempre haya algo que te lo impida. Aprender a no complicar mi vida. Tener mis objetivos y disfrutar al ir tras ellos. Poder concentrarme en mis capacidades y en mis límites. Ir de vacaciones. Estar a gusto con tu pareja o al tomarte un helado de chocolate.

Encontrar paz en mi interior. Equilibrio en mi conducta. Vencer mis miedos.

Que la gente se trate con respeto. («Que todo sea tan genial que roce lo pasteloso»). Que se me valore y aprecie. Que no me afectara la opinión de los demás.

El poder dedicar más tiempo a mi familia, mis amigos y a mí misma. Un buen trabajo, con un salario que me permita ser autónoma, interesante, con suficientes retos para no perder el interés y que a la vez no me ocupe todo el día para poder dedicarme a mi familia, mi casa y de vez en cuando dejarme tiempo para tener vida social, hobbies. Tener más tiempo para hacer cosillas, cursos. Trabajar solo medio día.

Como dicen los budistas, la ausencia de sufrimiento.

Es lo que siempre estoy tratando de averiguar.

Descubrir la felicidad que tal vez me aguarda frente y detrás de mis ojos.

A qué le temes

A ser débil. A no tener la fuerza y la resolución de hacer y decidir tal y como quiero. A la dependencia de los demás. A las reacciones de la gente. A enfrentarme con según quién. A la violencia, física como verbal.

A la soledad no deseada. A que un buen día mi suerte cambie y me empiecen a pasar cosas horribles. A estar sola, sin nadie en quien pueda confiar. A envejecer sola, al rechazo de la gente que quiero y a veces también de la que no quiero tanto. A subir a un avión sola. A los que están en el poder y no piensan en su pueblo. A la frustración.

A pasar por una plaza llena de palomas.

Al miedo que paraliza, al que te impide hacer o decir cosas. A perder lo que tengo ahora por causas que no puedo dominar. A volver atrás. A cambiar de profesión. A cambiar radicalmente mi vida, dejar el trabajo y montar un negocio.

A equivocarme. A tomar una decisión incorrecta e irreversible.

A llegar al final y pensar que no valió la pena, a no haber conseguido hacer las cosas que quería. A la muerte y a la enfermedad, mías y de mi familia. A la posibilidad de que no haya nada.

A no saber realmente lo que me haría más feliz.

A qué no te atreves

A dejar mi trabajo y dedicar mi tiempo a hacer cosas que me llenen plenamente. A hacer algo de lo que no sé nada. A tirarlo todo por la borda y empezar otra vez. A lanzarme al vacío. Si hago algo es porque tengo claro lo que es y lo que va a pasar.

A viajar sola a una tierra lejana, extraña, sin conocer el idioma. A pasear sola por la noche.

A que me lean el futuro.

A practicar submarinismo.

A que pasen los años y un día me dé cuenta de que mi vida ha sido un desastre.

A confrontarme con las personas cuando algo me molesta. Especialmente, cuando considero que es una autoridad.

A tener un hijo sin padre.

A quedarme estancada, a preferir dormir a vivir.

A la soledad y a la mediocridad.

A suicidarme.

En principio me atrevo a todo aunque para tomar las decisiones tardo años. A no atreverme a algo.

Qué no quieres

Vivir engañada. Que me tomen el pelo. A las personas que se mueven por interés.

Inestabilidad emocional. Confusión; oscuridad. No sentirme realizada, aburrirme. Trabajar a disgusto.

Estar triste, convertirme en una histérica, en una amargada, en una mártir, en una quejica. Deprimirme por pequeñas cosas.

Desistir, transigir, conformarme. Renunciar a ser como soy. Traicionarme a mí misma.

Las injusticias. La intolerancia.

Estar sola. Que mi hijo sufra.

No atreverme a algo.

No quiero sufrir por todo.

Qué es un amigo

Alguien en quien confiar y abrir tu corazón y que confía en ti; que te extiende la mano en los momentos difíciles y en los buenos. Alguien que se preocupa por mí, una contención, un espacio para compartir. Alguien que te escucha y que le escuchas, que te quiere y le quieres. Alguien con quien te sientes afín en cosas, o formas de pensar. Alguien a quien aceptas tal como es y te acepta tal como eres. Aquel que te ayuda sin pedirte nada a cambio, que te escucha y que sabes que siempre puedes contar con él. Alguien que vive cerca de tu vida sin entrometerse ni juzgarla. Es como un confesor licenciado en psicología, un salvavidas en los momentos de peligro, un sonajero en los momentos de aturdimiento. Un espejo.

Es aquel que desde que lo encuentras, a lo largo de los años te extiende la mano cuando te caes y se ríe contigo en los buenos momentos.

Un alto en el camino de risas y calma. Alguien con quien te apetece estar. El que cuenta contigo desinteresadamente y te quiere incondicionalmente. Aquel con el que eres tú misma, con el que lloras y ríes libremente, con el que caminas sin necesidad de hablar, aquel que esperas con impaciencia para contarle algo que te ha pasado.

Nombra algo misterioso

El espacio.

La intención de muchas personas. Su fondo.

El futuro.

Los vampiros de mi imaginación, mitad ángel, mitad demonio.

El bosque, los animales, las plantas, los hijos, cualquier ser vivo, otros planetas, sistemas, galaxias. La frontera entre la tierra y el universo.

El mar.

La Antártida.

La noche.

Una puerta cerrada.

El más allá: qué hay después de la vida. El final del camino. La muerte.

El amor, el deseo, el destino.